Fit und schlank in die zweite Lebenshälfte

Fett weg ab 40

Marlisa Szwillus

südwest

Inhalt

Vegetarisches

70

Asiatisches

46

Je aktiver und sportlicher Sie sind, desto mehr stoffwechselaktive Muskelzellen haben Sie. Ein großer Pluspunkt, denn in diesen Zellen können Sie die zugeführte Nahrungsenergie besser »verheizen«.

TIPP

Alles ist Veränderung

Zwei wesentliche Dinge ändern sich im weiblichen Organismus etwa ab dem 40. Lebensjahr, die Auswirkungen auf das Gewicht und die Gesundheit haben können:

- Der Grundumsatz des Körpers nimmt allmählich ab, der tägliche Energiebedarf, berechnet in Kilokalorien (kcal) oder Kilojoule (kJ) wird geringer. Das gilt besonders für alle, die sich wenig bewegen und daher eine eher schwach ausgeprägte Muskulatur haben.
- Der Hormonhaushalt verändert sich mit den Wechseljahren (siehe Seite 16) und kann gesundheitliche Risiken mit sich bringen.

AB 40 IST ALLES EIN WENIG ANDERS

Heute ist es ein Leichtes, als Frau jenseits der 40 attraktiv und jung zu wirken. Veränderungen am Körper sind jedoch nicht mehr zu übersehen. Die Mehrzahl der Frauen kämpft mit ihrem Gewicht, denn sie nehmen jetzt schneller zu und schwerer ab als in der Vergangenheit. Wenn Sie sich in Ihrer Haut rundum und dauerhaft wohl fühlen wollen, streben Sie ein Gewicht an, das Sie vital und energiegeladen macht. Dieses Buch zeigt Ihnen wie einfach das geht. Wenn Sie Ihren Stoffwechsel verstehen, den richtigen Lebensmittel-Mix essen und die praktischen Tipps in die Tat umsetzen, schwinden die Pfunde ganz leicht. Sie erreichen Ihr Wohlfühlgewicht ohne Kalorienzählen und ohne Diätfrust.

Wie viel Energie brauche ich?

Zu erst mal so viel, dass in unserem Organismus alle lebensnotwendigen Körper- und Stoffwechselfunktionen reibungslos ablaufen können – selbst im Schlaf. Diese Energie wird als Grundumsatz bezeichnet. Er ist unter anderem abhängig von Geschlecht, Alter, Körperbau und Erbanlagen. Zum Grundumsatz kommt der Leistungsumsatz hinzu, also wie viel Energie wir durch körperliche Aktivitäten bei der Arbeit oder in der Freizeit verbrauchen. Der Gesamt-Energiebedarf, also der tatsächliche Kalorienbedarf, ist daher sehr individuell und kann, selbst bei gleichen Voraussetzungen, von Frau zu Frau stark schwanken. Um Ihren persönlichen Bedarf zu ermitteln, brauchen Sie keine Tabellen, die Beobachtung Ihres Gewichts genügt in den meisten Fällen, denn Übergewicht ist in erster Linie ein Bilanzproblem. Grundsätzlich kann langfristiges Abnehmen nur dann funktionieren, wenn der tägliche Kalorienverbrauch größer ist als die Kalorienaufnahme.

Der Grundumsatz sinkt

Ab dem 40. Lebensjahr wird der Anteil unserer Muskelmasse im Verhältnis zur Fettmasse langsam, aber stetig weniger. Auch der Stoffwechsel läuft insgesamt auf niedrigeren Touren. Damit sinkt der Grundumsatz und folglich der Energiebedarf. Um an Gewicht abzunehmen, gibt es zwei Möglichkeiten: erstens die Nahrungszufuhr dem verringerten Energiebedarf anpassen, heißt, auf Dauer weniger Kalorien zu sich nehmen, oder den Energiebedarf durch regelmäßige körperliche Bewegung zu erhöhen. Beides miteinander kombiniert ist am effektivsten.

Checken Sie Ihr Gewicht!

Außer der subjektiven Bewertung der eigenen Figur möchte wohl jede Frau einen Anhaltspunkt haben, wie viel sie wiegen darf, wo ihr optimales Gewicht liegt. Am Body-Mass-Index (BMI) können Sie sich orientieren. Er ist eine moderne, von der Wissenschaft empfohlene Berechnung des Körpergewichts, bei der die Faktoren Gesundheit und Wohlgefühl berücksichtigt sind.
So berechnen Sie mit Hilfe des Taschenrechners Ihr optimales Gewicht:

$$\text{BMI} = \frac{\text{Körpergewicht in kg}}{\text{Körpergröße in m}^2}$$

Ein Beispiel

$$\text{BMI} = \frac{70\ \text{kg}}{1{,}75\ \text{m} \times 1{,}75\ \text{m}} = 22{,}8$$

Liegt Ihr Gewicht im grünen Bereich?

Sie haben nun Ihren BMI ermittelt. Ganz klar, bei einem Wert von 30 und darüber sollten Sie unbedingt abnehmen, denn Übergewicht kann zu erheblichen Gesundheitsproblemen führen. Der wünschenswerte BMI-Wert darf mit dem Alter zunehmen. Wie die Staffelung aussieht, zeigt Ihnen unten stehende Tabelle.
Diese Angaben gelten, wenn Sie keine zusätzlichen Risikofaktoren wie Bluthochdruck, Diabetes, hohe Cholesterinwerte oder andere Krankheiten haben. Bei beginnendem Übergewicht ohne Risikofaktoren können Sie natürlich die paar Kilos aus kosmetischen Gründen oder wegen eines besseren Wohlgefühls abnehmen.

ALLGEMEINE RICHTWERTE FÜR DEN BODY-MASS-INDEX

BMI > 40	= extremes Übergewicht
BMI 35–39,9	= hohes Übergewicht
BMI 30–34,9	= voll entwickeltes Übergewicht
BMI 25–29,9	= beginnendes Übergewicht
BMI 18,5–24,9	= Normalgewicht
BMI 14–18,4	= ungesundes Untergewicht
BMI > 14	= lebensbedrohliches Untergewicht

SPEZIELLE BMI-RICHTWERTE FÜR FRAUEN

Altersgruppe	wünschenswerter BMI-Bereich	Optimum
35–44	21–26	23,4
45–54	22–27	25,2
55–64	23–28	26,0
65 und älter	24–29	27,3

MEHR WISSEN – LEICHTER ABNEHMEN

Abnehmen beginnt im Kopf, denn richtiges Essen ist vor allem eine Frage des Wissens und dessen praktische Umsetzung. Essen ist aber viel mehr als bloße Nährstoffaufnahme, auch die Psyche spielt dabei eine wichtige Rolle. Unsere Stimmungslage kann uns zu Lust-Essern oder zu Frust-Essern machen. Beim Frustessen werden die Lebensmittel zu Gefühlsregulatoren und dienen als Ersatzbefriedigung. Das Wissen um die Zusammenhänge und die Selbstbeobachtung machen es leichter, das eigene Essverhalten zu ändern.

Essen mit Spaß und Sinnlichkeit

Vergessen Sie die Behauptung, dass Abnehmen immer mit Hungern, Verzicht und Frust zu tun hat. Richtig ist vielmehr, dass Sie sich bei diesem Ernährungsprogramm nicht kasteien müssen, nur bewusster und damit anders essen sollen. Nehmen Sie sich realistische Gewichtsziele vor und lassen Sie sich Zeit dafür. Achten Sie beim Lebensmittelkauf auf gute Qualität, ziehen Sie selbst Zubereitetes den Fertiggerichten vor, genießen Sie das Essen in Ruhe, freuen Sie sich über kleine Erfolge und – loben Sie sich. Das Resultat: In dem Maße, wie Sie an Gewicht abnehmen, steigt auch Ihr Selbstbewusstsein und Ihre Lebensfreude.

Gesundes und dauerhaftes Abnehmen braucht Zeit. Ein bis zwei Kilogramm weniger pro Monat sind völlig ausreichend.

Diät – nein danke!

Blitz-Diäten und Crash-Kuren mit unseriösen Zielen wie »7 Pfund in 7 Tagen« oder ähnliche Aussagen können nie halten, was sie versprechen. Denn nicht einmal bei der radikalsten Diät, dem totalen Fasten, kann der Körper mehr als 350 bis 400 Gramm pro Tag abnehmen. Der trügerische Diäterfolg in den ersten Tagen ist vor allem auf hohe Flüssigkeitsverluste und nicht auf Fettabbau zurückzuführen. Viele dieser Kuren setzen auf extrem wenig Lebensmittelmenge und eine einseitige Auswahl. Das Fatale daran: Lebensnotwendige Nährstoffe werden nicht in der ausreichenden Menge aufgenommen und der Stoffwechsel wird durch den Jo-Jo-Effekt jedes Mal ziemlich durcheinander gebracht.

Diäten machen dick

Diät-Erfahrene kennen es: Nach einer Diät kehren mit den alten Ernährungsgewohnheiten auch die Kilos zurück – und in den meisten Fällen sind es mehr als zuvor. Ein Teufelskreis namens Jo-Jo-Effekt. Der Grund dafür: Der Körper schaltet bei knapp werdender Nahrung auf Sparflamme, verringert seinen Energiebedarf. Wird danach wieder normal gegessen, kann sich der Stoffwechsel nicht so schnell umstellen. Er behält sein Schutzprogramm noch eine Weile bei und schafft noch einen zusätzlichen Fettvorrat an. Und dies bei jedem Diätversuch wieder. Die wenig tröstliche Erkenntnis: je mehr Diäten, desto mehr Übergewicht!

DIE OPTIMALE NÄHRSTOFFVERTEILUNG

Folgende Formel garantiert keine Gewichtszunahme und fördert Gesundheit und Vitalität. Die individuelle Gesamtenergiemenge, die wir täglich in Form von Lebensmitteln verzehren, sollte bei den Hauptnährstoffen bestehen aus:

- 55 bis 60 % Kohlenhydrate,
- maximal 30 % Fett und
- 10 bis 15 % Eiweiß.

Im Klartext heißt das: Reichlich Obst und Gemüse, Kartoffeln, Hülsenfrüchte, Getreideprodukte essen, fettarme Milchprodukte bevorzugen und weniger tierische Fette, Fleisch und Wurst verzehren. Wer abnehmen will, sollte bis zum erreichen des Normalgewichts seinen Fettverzehr auf 20 bis 25 Prozent einschränken.

Vorteile der mediterranen Küche

Die Südeuropäer haben ein eindeutig besseres Gespür für die Zusammenstellung ihrer Ernährung als die Mittel- und Nordeuropäer. Bei ihnen treten am wenigsten Übergewicht, Herz-Kreislauf-Krankheiten und Krebsfälle auf. Südeuropäer essen zwei- bis dreimal so viel Obst und Gemüse wie Deutsche, somit ist auch ihr Anteil an den wertvollen Inhaltsstoffen um ein Vielfaches höher. Ergänzt wird diese Küche durch Brot, Nudeln, Milchprodukte, Fisch und kleine Mengen an Geflügel und Fleisch. Eine zweite Säule der Mittelmeerküche ist wertvolles Olivenöl. Von den vielen positiven Wirkungen können auch Sie profitieren. Im ersten Kapitel des Rezeptteils (ab Seite 22) finden Sie dazu verlockende Anregungen.

Vegetarier sind fit, schlank und gesund

Langzeitstudien aus aller Welt beweisen: Vegetarier haben durchweg Normalgewicht und einen hervorragenden Gesundheitsstandard. Die bewusste vegetarische Ernährung hat eine hohe Nährstoffdichte bei relativ geringem Kaloriengehalt. Vegetarisch Essen ist unglaublich vielseitig und genussvoll. Und mit dem richtigen Lebensmittel-Mix bekommt man wirklich alle notwendigen Nährstoffe. Werden Sie zum »Gelegenheits-Vegetarier«, genießen Sie ab und an einen fleischlosen Tag. Beispiele dazu finden Sie im dritten Rezeptkapitel (ab Seite 70).

Egal, ob nun der BMI oder der Rock nicht mehr passt, um Ihr Wohlfühlgewicht zu erreichen und es danach dauerhaft zu halten, brauchen Sie keine Diät, sondern ein Ernährungsprogramm. Mit einem abwechslungsreichen Essen, das gut schmeckt, sättigt, Sie im Alltag mit ausreichend Nähr- und Vitalstoffen versorgt, damit Sie sich rundum gesund, fit und wohl fühlen. Auf Basis aktueller wissenschaftlicher Erkenntnisse erfahren Sie nun, worauf es beim Abnehmen vor allem ankommt.

ANDERS ESSEN MIT GENUSS

Essen Sie weniger Fett

Kein Wunder, dass es immer mehr Übergewichtige gibt. In Deutschland essen wir durchschnittlich fast doppelt so viel Fett wie nötig. Nicht die Kalorien an sich machen dick, sondern das Fett, das doppelt so viel Kalorien hat wie die anderen beiden Grundnährstoffe Eiweiß und Kohlenhydrate. Und Fett kann unser Körper schier unbegrenzt speichern. Wer Gewicht verlieren will, sollte in erster Linie beim Fett den Rotstift ansetzen. 30 bis 40 Gramm Fett pro Tag sind beim Abnehmen ideal. Um das Gewicht anschließend zu halten, sollten Frauen nicht mehr als 60 Gramm Fett täglich verzehren.

Sichtbare und versteckte Fette

Etwa die Hälfte des Fettverbrauches nehmen wir mit Koch- und Streichfetten zu uns. Hier zu sparen heißt: Butter oder Margarine sollten dünner aufs Brot, für die Salatsauce, zum Kochen und Braten ebenfalls weniger Fett nehmen. Besonders gut lässt sich Fett reduzieren, wenn Sie an den unsichtbaren Fetten sparen, die sich in Wurst, Käse, Milchprodukten, Fleisch, Fertiggerichten, Fastfood, Saucen, Mayonnaise, Kuchen und Süßigkeiten verstecken. Tauschen Sie, wann immer möglich, diese fettreichen Lebensmittel gegen fettärmere aus.

INFO

Damit Sie über den Tag verteilt gleichmäßig mit allen Nähr- und Vitalstoffen gut versorgt sind und der Heißhunger keine Chance hat, sollten Sie fünf kleinere Mahlzeiten pro Tag essen. Wann, wie und wo, entscheiden Sie selbst. Ganz besonders wichtig dabei ist, dass die zugeführte Energiemenge die gleiche bleibt, wie wenn man nur dreimal täglich isst. Wer aber an einer Insulinresistenz leidet, was bei stark Übergewichtigen öfter der Fall ist, sollte nur drei Hauptmahlzeiten pro Tag zu sich nehmen.

Gute Fette, schlechte Fette

Nach ihrem biochemischen Aufbau unterscheidet man gesättigte und ungesättigte Fettsäuren. Die gesättigten stecken überwiegend in tierischen Lebensmitteln wie Butter, Sahne, Mayonnaise, Fleisch, Wurst, Käse – die auch Cholesterin enthalten – aber auch in Palm- und Kokosfett. Da tierische Fette an der Entstehung etlicher Zivilisationskrankheiten beteiligt sind, sollten Sie tierische Lebensmittel nur in kleinen Mengen verwenden. Ungesättigte Fettsäuren dagegen gehören zu den lebenswichtigen Nährstoffen, die im Organismus vielfältige Funktionen erfüllen. Beispielsweise sind sie Baustoff für Zellen, Nerven und Reglerstoffe, ohne sie können die Vitamine A, D, E und K nicht verwertet werden und können sich keine Hormone bilden. Wir müssen den Körper täglich mit ungesättigten Fettsäuren versorgen, aber minimale Mengen genügen schon. Pflanzliche Lebensmittel, wie Pflanzenöle, Diätmargarine, Oliven, Hülsenfrüchte, Getreide, Avocados, Nüsse und Samen sind gute Quellen.

Pluspunkte für Fischöle

Fischfette enthalten besonders wertvolle ungesättigte Fettsäuren, die Omega-3-Fettsäuren. Diese haben eine herz- und gefäßschonende sowie antientzündliche Wirkung. Am meisten von den Omega-3-Fettsäuren enthalten Seefische, vor allem Lachs, Hering, Makrele, Heilbutt, Sardine und Thunfisch. Genießen Sie deshalb ein- bis zweimal pro Woche eine große Portion Seefisch – fettarm zubereitet.

Öle – die richtige Verwendung

- Für Salate und kalte Speisen: hocharomatisches Olivenöl (Natives Olivenöl extra), Distelöl, kaltgepresstes Sonnenblumenöl, feines Walnuss-, Traubenkern- oder Kürbiskernöl. Diese empfindlichen Öle nicht erhitzen.
- Zum Dünsten, Dämpfen und Garen in Folie: robustere Öle wie Natives Olivenöl, Rapsöl, Maiskeimöl oder Sojaöl.
- Fürs Braten, Grillen oder Garen im Wok: Olivenöl (ohne Zusatzbezeichnung), Sojaöl, Erdnussöl oder Spezialöle (gibt's im Reformhaus).

Rundum gut: Pflanzenöle

Gut für eine gesunde Ernährung und zum Abnehmen sind pflanzliche Öle, denn sie sind reich an ungesättigten Fettsäuren und enthalten kein Cholesterin. Deshalb sind sie auch zur Vorbeugung und Behandlung von Fettstoffwechselstörungen zu empfehlen. Aber bitte auch hier Maß halten, denn die notwendige Tagesration an gutem Fett von etwa zehn Gramm steckt schon in der kleinen Menge von zwei Esslöffeln hochwertigem Oliven-, Raps-, Sonnenblumen-, Maiskeim-, Erdnuss- oder Sojaöl.

Mandeln, Nüsse und Kerne liefern zwar relativ viel Energie, sind jedoch reich an den gesunden ungesättigten Fettsäuren, die den Fettstoffwechsel normalisieren können.

IDEALE FITMACHER GEMÜSE, OBST & CO.

Den Fettanteil im Essen zu reduzieren gelingt Ihnen leicht, wenn Sie überwiegend Gemüse, Hülsenfrüchte, Kartoffeln, Salat und Obst einplanen. Von allen Lebensmitteln hat diese Gruppe die höchste Nährstoffdichte, das heißt, sie beinhalten im Verhältnis zu ihrem Energiegehalt die meisten lebensnotwendigen Nährstoffe. Abgesehen von den Hülsenfrüchten sind Gemüse & Co. extrem kalorienarm und selbst bei üppigen Portionen absolut figurfreundlich; vorausgesetzt, Sie bereiten sie fettarm zu.

Sekundäre Pflanzenstoffe: die geballte Pflanzenpower

Dass Obst, Gemüse & Co. gesund sind, ist nicht neu. Aber neben den bekannten Inhaltsstoffen wie Vitamine, Mineralstoffe, Spurenelemente, Kohlenhydrate und Ballaststoffe entdeckten Wissenschaftler in pflanzlicher Nahrung in neuerer Zeit eine Fülle von hochwirksamen Substanzen, die sekundären Pflanzenstoffe. Diese natürlichen Inhaltsstoffe haben einen grandiosen Einfluss auf unsere Gesundheit, sie regen z. B. das Immunsystem an, töten Krankheitskeime ab, können den Cholesterinspiegel senken und schützen vor Krebs und Herz-Kreislauf-Erkrankungen.

Komplexe Kohlenhydrate sind am besten

Gemüse & Co., aber auch Vollkorngetreide, Vollkornbrot und Naturreis enthalten komplexe Kohlenhydrate. Sie setzen sich aus vielen gleichen Bausteinen, den Glukosemolekülen, zusammen und können vom Stoffwechsel nur langsam aufgespalten werden. Der große Vorteil: Die guten, die komplexen Kohlenhydrate sättigen länger, schützen daher effektiv vor Heißhunger-Attacken und halten unsere Leistungskurve stabil.

Fatal – schlechte Kohlenhydrate und tierisches Fett

Die schlechten, das sind die Kohlenhydrate, die schnell aufgespalten werden, z. B. aus hellem Mehl, Weißbrot, hellen Nudeln, geschältem Reis und Pizza. Wenn man sie mit tierischem Fett zusammen isst, wie bei Schweinsbraten mit Semmelknödeln, Nudeln mit Sahnesauce, Pizza mit Käse oder Torte mit Cremefüllung wird das Fett vom Hormon Insulin, das den Blutzuckerspiegel reguliert, nonstop in die Fettdepots eingelagert. Wenn schon schlechte Kohlenhydrate, dann mit fettarmen Lebensmitteln kombinieren. Z. B. Nudeln mit Fisch, weißer Reis mit Gemüse oder Hefeteig mit Obstbelag.

Warum Ballaststoffe wichtig sind

Die nahezu unverdaulichen Bestandteile von Obst, Gemüse, Hülsenfrüchten, Kartoffeln und Getreide sind kein Ballast, sondern haben etliche gute Seiten. Sie sättigen lange, fördern eine gesunde Darmflora und bringen die Verdauung in Schwung. Alles Vorteile, die beim Abnehmen helfen. Ballaststoffe regulieren den Blutzucker, senken den Cholesterinspiegel und können Dickdarmkrebs vorbeugen.

Tun gut: Brot und Getreide

Brot, die verschiedensten Getreidesorten und Getreideprodukte wie Haferflocken, ungezuckerte Müslis, Nudeln und Reis versorgen uns vor allem mit komplexen Kohlenhydraten und Ballaststoffen, B-Vitaminen, Eiweiß, Mineralstoffen und sekundären Pflanzenstoffen. Da sie wenig Fett enthalten, eignen sie sich gut zum Abnehmen. Optimal sind Vollkornprodukte, weil bei ihnen noch die wertvollen Inhaltsstoffe aus den Randschichten des Getreides vorhanden sind. Nutzen Sie das große Brotangebot und essen Sie mindestens zwei Scheiben Vollkornbrot pro Tag. Machen Sie es wie in den Mittelmeerländern, essen Sie Brot auch zum Salat, zur Suppe oder zum Fisch, natürlich pur, ohne Streichfett und Belag. Probieren Sie Getreidegerichte aus, z. B. mal Gerste oder Hirse.

Weniger Fleisch, mehr Fisch

Pflanzliches Eiweiß in Getreide, Hülsenfrüchten und Kartoffeln ist besonders günstig für eine moderne Ernährung. Auch Milch, fettarme Milchprodukte und fettarmer Käse und vor allem Fisch sind wertvolle Eiweißlieferanten. Fleisch, Wurst und Käse enthalten neben Eiweiß auch viel Fett und Cholesterin. Darum: Genießen Sie öfter fleischlos, dafür mehr Gemüse, Hülsenfrüchte und Kartoffeln. Am besten nur zweimal pro Woche eine Portion mageres Fleisch essen. Es sollte von der Portionsgröße nur Beilage, nicht Hauptbestandteil Ihrer Mahlzeit sein. Bringen Sie mindestens zweimal die Woche Seefisch auf den Tisch, der wertvolles Jod liefert und die gesunden ungesättigten Omega-3-Fettsäuren. Beim Fisch kann eine Portion gut bis zu 200 Gramm wiegen.

Um von der ganzen Power in Gemüse, Obst & Co. zu profitieren und gleichzeitig dabei abzunehmen, sollten Sie davon fünf Portionen, über den Tag verteilt essen. Zum Frühstück und als Snack je ein Stück Obst, zu den Hauptmahlzeiten Gemüse satt und zusätzlich einen kleinen Salat. Wechseln Sie zwischen allen Sorten ab, je bunter, desto besser! Auch ein Glas Gemüse- oder Obstsaft zählt hier als Portion.

TIPP

INFO

Unser Bedarf an Eiweiß ist zwar generell gedeckt, aber oft kann der Körper es nicht vollständig verwerten, weil nicht genügend Vitalstoffe zur Bildung von Magensaft oder Verdauungsenzymen vorhanden sind. Deshalb: Kombinieren Sie Fisch und Fleisch immer mit einem großen knackigen Salat, mit viel Gemüse, Kartoffeln, Naturreis oder Vollkornbrot. Milchprodukte möglichst mit Gemüse oder Obst essen. Damit die Fettdepots eine Chance haben, leer zu werden, sollten Sie dauerhaft auf fettarme Eiweißlieferanten, besonders auf fettarme Milchprodukte umsteigen.

GETRÄNKE

SO WICHTIG WIE DAS ESSEN

Wasser ist das absolute Lebenselixir. Wasser reguliert die Körpertemperatur, löst die Nährstoffe aus der Nahrung und transportiert sie über das Blut in die Zellen und Organe. Die Stoffwechselendprodukte werden mit dem Wasser über die Nieren ausgeschieden, und Wasser sorgt für eine gute Verdauung. Vor allem beim Abnehmen muss reichlich getrunken werden, da auch die Abfallprodukte des Körperfetts entsorgt werden müssen. Bei einer ballaststoffreichen Ernährung sollten Sie ebenfalls viel trinken, da diese Stoffe sonst eher stopfend wirken. Auch die Haut dankt es Ihnen, wenn Sie ausreichend trinken: Sie bleibt schön glatt und straff.

Trinken Sie sich fit

Auch ohne größere körperliche Anstrengung verlieren wir jeden Tag ganz automatisch zwei bis drei Liter Wasser. Diese Menge muss ersetzt werden, damit es nicht zu Kreislauf- und Stoffwechselstörungen kommt. Etwa ein Liter Flüssigkeit wird über das Essen aufgenommen, mindestens eineinhalb bis zwei Liter Flüssigkeit müssen wir trinken, bei körperlichen Anstrengungen noch mehr. Aber Vorsicht! Nicht alles was flüssig ist, ist gleich gut geeignet. Ideal und ein wahrer Fitmacher ist Wasser, egal ob Leitungs-, Tafel- oder Mineralwasser, am besten mit einem Schuss Zitronensaft als Vitamin-C-Zufuhr. Achten Sie auf kalzium- und magnesiumreiches Mineralwasser. Ebenso gut sind kalorienfreie oder -arme Getränke wie ungezuckerte Tees sowie Gemüse- und Fruchtsaftschorlen.

Alkohol in Maßen

Mediziner bestätigen, dass Rotwein, in Maßen getrunken – also täglich maximal 1/8 Liter für Frauen und 1/4 Liter für Männer – die Gesundheit fördern kann. Dies hat allerdings nichts mit dem Alkohol zu tun, sondern mit den Polyphenolen, die zu den sekundären Pflanzenstoffen gehören und von denen besonders viel in roten Trauben enthalten ist. Dieselbe Wirkung haben auch roter Traubensaft und grüner Tee, danach erst Weißwein. Mit dem genannten Quantum an Alkohol ist die gesundheitsfördernde Tagesration aber dann schon erfüllt. Mehr Alkohol beeinflusst die Vitaminversorgung negativ und fördert das Übergewicht.

30 Minuten Schwimmen verbraucht etwa 400 Kilokalorien. ▶

TIPP

- Starten Sie schon vor dem Frühstück mit mindestens 1/4 Liter zimmer- bis lauwarmem Wasser, möglichst in einem Zug getrunken. Das kurbelt die Verdauung an.
- Gewöhnen Sie sich an, zu jeder vollen oder halben Stunde ein Glas Wasser, Tee oder Schorle zu trinken.
- Bei Heißhunger- oder Hungergefühl erst mal ein Glas Wasser trinken, oft signalisiert das Gefühl nämlich Durst statt Hunger.
- Jeweils vor dem Essen ein Glas Wasser trinken, das füllt schon mal den Magen, macht den Appetit kleiner.

Wer abnehmen oder sein Gewicht halten will, für den ist Bewegung unverzichtbar – besonders bei allen über 40. Bewegung verbraucht direkt Energie und erhöht damit den Leistungsumsatz. Sie erhöht auch die Muskelmasse, dies wiederum steigert ebenfalls den Kalorienverbrauch. Die körperliche Aktivität stärkt Ausdauer, Leistungsfähigkeit sowie Ihre körpereigenen Abwehrkräfte, hilft Stress abzubauen und schützt auch vor Osteoporose.

Wussten Sie schon, ...

- dass noch etwa 15 Stunden nach dem Sport der Grundumsatz erhöht ist, Sie also auch in Ruhe mehr Energie verbrauchen?
- dass bei körperlicher Aktivität vermehrt Endorphine, so genannte »Glückshormone« produziert werden, die positive Gefühle vermitteln?
- dass Sie nach dem Sport weniger Appetit haben, was Ihnen das Abnehmen erleichtert?

BEWEGUNG FÖRDERT DAS WOHLBEFINDEN

Hauptsache, es bewegt sich was

Sport heißt in diesem Zusammenhang nicht Leistungssport, sondern moderate Bewegung, die Spaß macht und die jede Frau in ihren Alltag einbauen kann. Auch für die, die noch nie Sport gemacht haben oder lange nicht mehr aktiv waren, ist es nicht zu spät. Sie können in jedem Alter aktiv werden und sein. Fangen Sie mit kleinen Schritten langsam an und hören Sie auf Ihren Körper, was er leisten kann, und versuchen Sie dieses kontinuierlich auszubauen.

Vergnügt statt verkrampft

Die Fettverbrennung wird optimal angekurbelt, wenn Sie sich dreimal pro Woche bei einem Pulsschlag von knapp unter 130 bewegen. Das heißt, Sie müssen sich gar nicht anstrengen, denn gerade die wenig schweißtreibenden Aktivitäten sind gesundheitlich wertvoll. Nur bei einem Pulsschlag von knapp unter 130 kommt es zur Fettverbrennung. Wer es mit dem Puls ganz genau nehmen will, schafft sich am besten einen Pulsfrequenzmesser an. Sportmediziner empfehlen zum Abnehmen Ausdauersportarten. Powerwalk (schnelles Gehen), Laufen (Jogging), Fahrradfahren, Schwimmen, Gymnastik, Wandern, Skilanglauf und Tanzen sind nur einige Möglichkeiten. Wählen Sie eine oder auch mehrere Sportarten aus, die Ihnen Spaß machen.

Birnen- oder Apfeltyp?

Wo Ihr Body seine Speicherplätze bei Übergewicht anlegt, können Sie nicht beeinflussen. Das liegt an Ihren Erbanlagen und auch an den Sexualhormonen. Ein Mehr an weiblichen Hormonen trägt dazu bei, dass sich die Körperfettdepots hauptsächlich an Po, Hüften und Oberschenkeln ansetzen – der Birnentyp. Bei Frauen vom Apfeltyp konzentrieren sich die Fettdepots um den Bauch herum. Hier sind männliche Hormone ein wenig im Überschuss. Apfeltypen sind gesundheitlich gefährdet, da mögliche Folgen des Übergewichts wie Herz-Kreislauf-Krankheiten und Diabetes, vermehrt auftreten können.

Hormonelle Veränderungen

Jede Frau kommt in die Wechseljahre – das Klimakterium, – denn sie sind die Folge des natürlichen Alterungsprozesses, der bei den meisten Frauen etwa ab dem 45. Lebensjahr langsam einsetzt, 10 bis 15 Jahre dauert und verschiedene Phasen durchläuft. Erst nach der letzten Phase, ungefähr zehn Jahre nach der letzten Regelblutung sind die Wechseljahre beendet. Medizinisch gesehen sind die Wechseljahre die Übergangszeit, in der die Funktion der Eierstöcke langsam nachlässt, um irgendwann völlig aufzuhören. Mit dieser Umstellung sinkt der Östrogenspiegel im Blut, nicht immer kontinuierlich, auch mal plötzlich und wechselhaft.

FOLGEN DER HORMONELLEN UMSTELLUNG

Dass Sexualhormone die Figur beeinflussen, ist unbestritten. Und dass viele Frauen ab den Vierzigern über zunehmendes Gewicht klagen, auch. Die Gewichtszunahme liegt jedoch hauptsächlich am verminderten Grundumsatz bei gleichbleibender Kalorienzufuhr, aber auch Wassereinlagerungen durch ein Ungleichgewicht der Hormone können eine Ursache sein. Bis ins letzte Detail sind die komplexen Zusammenhänge zwar noch nicht geklärt, fest steht aber, dass in den oder nach den Wechseljahren einige gesundheitliche Risiken auftreten können.

Die Östrogene

Unter diesem Begriff hat man die wichtigsten weiblichen Sexualhormone zusammengefasst. Östrogene werden in den Eierstöcken und in der Nebennierenrinde hergestellt und stehen mit Progesteron, einem anderen weiblichen Hormon im Wechselspiel. Östrogene leisten den größten Beitrag zur körperlichen und psychischen Entwicklung und zum Lebensgefühl jeder Frau.

Die Begleiterscheinungen

Zu den typischen körperlichen Beschwerden wie Hitzewallungen, Schweißausbrüchen, Schlafstörungen, Kopfschmerzen und Herzklopfen können psychische Beschwerden wie Reizbarkeit und Aggression, nervöse Erschöpfung, labile Stimmungslagen und Depression kommen. Diese Folgen sind im Auftreten und der Intensität von Frau zu Frau unterschiedlich stark ausgeprägt. Durch die verminderte Östrogenproduktion verändern sich auch die Haut und die Schleimhäute, sie werden dünner und trockener. Ernste organische Auswirkungen kann ein Mangel an Östrogenen auf den Fett- sowie auf den Knochenstoffwechsel haben.

Risikofaktor: Herz-Kreislauf-Krankheiten

Bis zu den Wechseljahren sind Frauen durch die Östrogene weitgehend vor Schlaganfall und Herzinfarkt geschützt. Wenn dann die Östrogenproduktion nachlässt, kann der Fettstoffwechsel aus dem Gleichgewicht kommen. Das gefäßschädigende LDL-Cholesterin – auch »schlechtes Cholesterin« genannt – steigt an, während das HDL-Cholesterin, das »gute Cholesterin« abnimmt. Kommen noch Übergewicht, Bluthochdruck und Rauchen dazu, steigt das Risiko um ein 20faches an.

◀ *Tofu ist nicht nur sehr kalorienarm, sondern auch reich an Phytoöstrogenen, die Wechseljahrsbeschwerden mildern können.*

Teilen Sie Ihren Taillenumfang durch den Hüftumfang. Kommt dabei ein Wert von unter 0,85 heraus, gehören Sie zum risikoärmeren Birnentyp. Darüber liegende Werte sind Misch- oder Apfeltypen.

TIPP

Sie müssen nicht zur Marathonläuferin werden. Ein strammer Spaziergang ist auch sehr effektiv und kurbelt die Fettverbrennung an.

Bester Schutz für das Herz

Vorbeugen kann man Herz-Kreislauf-Krankheiten, wenn schon frühzeitig durch angepasste Ernährung eventuelles Übergewicht reduziert, das Nahrungsfett an sich, und wegen des Cholesterins besonders, der Verbrauch an tierischen Fetten eingeschränkt wird. Im Gegensatz dazu sollte man mehr komplexe Kohlenhydrate verzehren und viele phytoöstrogenreiche Lebensmittel in den Speiseplan einbauen. Auch wichtig: sportlich aktiv sein, den Stress vermindern und möglichst nicht rauchen.

Die gute Alternative: Phytoöstrogene

Die Phytoöstrogene gehören zu den Sekundären Pflanzenstoffen. Es sind keine Hormone, haben aber diesen Namen bekommen, weil ihre Wirkung den menschlichen Östrogenen sehr ähnlich ist, allerdings schwächer. Wissenschaftliche Studien belegen, dass Phytoöstrogene eine große Hilfe bei Wechseljahrsbeschwerden sind und sie möglicherweise vor Brustkrebs, Herzinfarkt und Osteoporose schützen.
Die höchsten Konzentrationen an Phytoöstrogenen findet man in gekochten Sojabohnen (es gibt sie getrocknet zu kaufen), frischen Sojasprossen und in Sojaprodukten, hier besonders im Tofu und in Sojamilch. Im Handel werden zudem Sojaflocken, Sojaöl sowie Joghurts, Drinks und Desserts aus Soja angeboten. Aber auch heimische Lebensmittel wie Leinsamen, Weizenkeimöl, Vollkorngetreide, Hülsenfrüchte (Bohnen, Schälerbsen, Kichererbsen), Brokkoli, Kohlgemüse, Wurzelgemüse und Hopfen enthalten Phytoöstrogene.

Das Asien-Plus

Im Vergleich zu Europäerinnen und Nordamerikanerinnen leiden Asiatinnen viel seltener oder oft gar nicht unter den typischen Symptomen des Klimakteriums. Verblüffend ist auch, dass Japanerinnen weitaus seltener an Brustkrebs erkranken, ihr Osteoporose-Risiko kleiner und die Anzahl der Herz-Kreislauf-Krankheiten geringer ist. Die Erklärung für so viele positive Effekte liegt in der traditionellen asiatischen Ernährung: ein geringer Anteil an Fleisch und Fett, reichlich Ballaststoffe aus Gemüse und Hülsenfrüchten sowie einem großen Anteil an pflanzlichen Eiweißlieferanten durch Sojaprodukte. Kein Wunder, dass immer mehr Mediziner in Europa in den Phytoöstrogenen eine Alternative zur herkömmlichen klassischen Hormontherapie sehen.

Vorzüge der Asien-Küche

Hauptrollen in der fernöstlichen Ernährungsweise spielen Reis, Gemüse, Sojaprodukte, Fisch, Obst und grüner Tee. Alles wird vielseitig kombiniert, fettarm und nährstoffschonend gegart. Das macht die gesundheitlichen Vorteile der landestypischen Küche aus. Man sieht's auch: Asiaten sind überwiegend rank und schlank. Tun Sie sich was Gutes, genießen Sie einmal wöchentlich fernöstlich. Im Rezeptteil gibt es Anregungen dazu (ab Seite 46).

Risikofaktor: Osteoporose

Östrogene spielen auch beim Knochenstoffwechsel eine wesentliche Rolle. Sie sorgen dafür, dass die Knochen optimal mit dem Mineralstoff Kalzium versorgt werden und die Knochensubstanz erhalten bleibt. Ab 40 beginnt der altersbedingte Abbau der Knochen. Von Osteoporose sind wesentlich mehr Frauen als Männer betroffen, denn Frauen verlieren im Wechsel die knochenschützende Wirkung des Östrogens. Die Knochendichte sinkt, die Knochen werden poröser und brechen leichter. Bewegungsmangel und Ernährungsfehler erhöhen das Risiko. Aber auch Vererbung, starker Alkohol- und Nikotinkonsum spielen eine Rolle.

TIPP

Neben viel frischer Luft ist auch körperliche Bewegung wichtig, denn sie regt die knochenaufbauenden Zellen an und stabilisiert die Knochensubstanz. Besonders effektiv sind knochendichtestärkende Sportarten wie Jogging, Walking, Rudern sowie Fitnessübungen für den ganzen Körper.

Rechtzeitig vorbeugen

Eine kalziumreiche Ernährung ist in jungen wie in fortgeschrittenen Jahren der beste Schutz gegen Osteoporose. Isst man zu wenig Kalzium, holt es sich der Körper für diese Funktionen aus dem Skelett, was das Risiko einer Osteoporose verstärkt. Für die Kalziumaufnahme in die Knochen ist Vitamin D unerlässlich, das der Körper zu 60 Prozent selbst, mit Hilfe der UV-Strahlen aus dem Tageslicht herstellt, zu 40 Prozent jedoch mit der Nahrung aufgenommen werden muss. Vitamin-D-reich sind Seefische (Makrele, Hering), Eigelb, Milch sowie Milchprodukte. Osteoporose vorbeugen können Sie folglich durch eine kalzium-, Vitamin-D- und phytoöstrogenreiche Ernährung. Wenn Sie sich außerdem täglich eine halbe Stunde an der frischen Luft bewegen, können die UV-Strahlen die Vitamin-D-Produktion im Körper ankurbeln – auch bei bedecktem Himmel.

Kalziumreiche Lebensmittel

Ideale Kalziumlieferanten sind Milch und Milchprodukte (z.B. Quark, Joghurt, Buttermilch, Kefir, Dickmilch, Molke). Beim Käse haben Frischkäse, Bierkäse, Emmentaler und Greyerzer mit die höchsten Kalziumwerte. Achten Sie bei Milch und Milchprodukten auf einen niedrigen Fettgehalt, denn zu viel Fett stört die Kalziumverwertung. Reich an Kalzium sind auch Krabben, Garnelen, Shrimps, Eigelb, Brokkoli, Fenchel, Grünkohl, Spinat, Mangold, Haselnüsse, Mandeln und Leinsamen. Die empfohlene Menge von 1000 Milligramm Kalzium erreichen Erwachsene schon mit einem Glas Buttermilch, einem Becher Joghurt und zwei Scheiben Käse pro Tag.

▲ *Bevorzugen Sie bei Milch, Joghurt und Käse die fettarmen Varianten. Sie liefern bei einem niedrigen Fettgehalt viel wichtiges Kalzium.*

TIPP

Phosphatreiche Lebensmittel wie Würstchen, Schokolade, Kaffee und Tee sind Kalziumräuber. Wer also exzessiv Kaffee oder schwarzen Tee trinkt, braucht mehr Kalzium, um seinen Tagesbedarf zu decken.

Sich in ihrer Haut wohl zu fühlen ist der Wunsch jeder Frau. Das Gewicht spielt dabei eine große Rolle, ist aber nur ein Aspekt des Wohlbefindens. Gesundheit, Entspannung, Spaß und Lebensfreude gehören ebenso selbstverständlich dazu wie bewusst zu leben, im Einklang mit sich selbst und offen für Neues zu sein. Zwölf Tipps sollen Ihnen Anregung geben, sich Ihr persönliches Wellness-Programm zusammenzustellen.

WOHLGEFÜHL TAG FÜR TAG

Richtig relaxen

1

Stress ist ein Bestandteil unseres Lebens und nicht grundsätzlich schlecht. Wenn er allerdings zur Belastung wird, sollten Sie für einen Ausgleich sorgen. Alles, worauf Sie gerade Lust haben, dient der Entspannung. Das kann Sport ebenso sein, wie sich mit Freunden treffen, mit dem Liebsten schmusen oder faulenzen.

Knüpfen Sie Kontakte

2

Andere kennen zu lernen erweitert nicht nur den eigenen Horizont. Untersuchungen belegen, dass ein soziales Netz aus Freunden und Bekannten bei Stress hilft.

Buntes für die Seele

3

Farben wirken auf die Energiezentren des Körpers und können helfen, Defizite zu beheben oder Überschüsse zu reduzieren. Setzen Sie Farben bewusst nach Stimmungen ein: Grün macht gelassen, Rot aktiviert die Energie, Blau beruhigt und harmoniert, Gelb und Orange sorgen für gute Laune. Ob ein farbiges Kleidungsstück, Blumen oder ein Accessoire für die Wohnung, mit Farben können Sie ganz gezielt Ihre Energien beeinflussen.

Tagträume laden die Akkus auf

4

Entspannung und Wohlbefinden in einer Viertelstunde: Suchen Sie sich einen ruhigen Platz, setzen oder legen Sie sich ganz entspannt hin und schließen die Augen. Jetzt stellen Sie sich etwas Schönes vor, ohne Einschränkung und so intensiv wie möglich. Kommen Sie nach etwa zehn Minuten langsam in die Wirklichkeit zurück. Tagträume sind Balsam für die Seele, sie stabilisieren das innere Gleichgewicht, beflügeln Fantasie und Kreativität.

Nächste Wellness-Oase: Ihr Bad

5

Ob Sie morgens munter werden, abends relaxen oder einfach mal für ein halbes Stündchen abtauchen wollen. Ihr Bad ist der nächst erreichbare Wellness-Tempel. Bäder oder Duschgele mit hochwertigen ätherischen Ölen wirken gleich doppelt – auf Body & Soul. Sie pflegen die Haut und wirken durch Düfte und Inhaltsstoffe auf Stimmung und Stoffwechsel. Bergamotte, Minze, Rosmarin und Zitrusfrüchte beleben, Lavendel, Sandelholz und Melisse entspannen nach einem anstrengenden Tag.

Energie-Kick am Morgen

6

Wechselduschen sind mehr als ein Wake-up-Call am frühen Morgen. Sie bringen den Kreislauf sanft in Schwung, der kurze Kältereiz stärkt das Immunsystem und schützt vor Krankheitserregern. Am besten ein bis drei Minuten warm duschen, dann den Körper kurz kalt abspritzen. Mehrmals im Wechsel und mit kaltem Wasser aufhören.

Der Kutschersitz

7

Eine Entspannungsübung, die erfrischt und aktiviert. Der Kutschersitz funktioniert zu Hause ebenso wie im Job und unterwegs. Setzen Sie sich auf die Vorderkante eines Stuhles, die Beine leicht geöffnet. Legen Sie die Unterarme auf die Knie und neigen Oberkörper und Kopf nach vorne. Jetzt schließen Sie die Augen, atmen ruhig und gleichmäßig ein und aus. Schultern, Nacken, Arme und Beine werden nun immer schwerer. Nach einigen Minuten öffnen Sie die Augen, recken und strecken sich kräftig.

Atem-Quickie gegen Frust

8

Ganz easy können Sie über den Atem Dampf ablassen: Die Füße schulterbreit stellen und leicht in die Knie gehen. Die Augen schließen. Jetzt tief durch die Nase bis in die Lungenspitzen einatmen. Beim Ausatmen sieben kräftige Zischlaute hören lassen (tschi, tschi, tschi ...). Nach ein paar Dampfstößen merken Sie schon, wie der innere Druck nachlässt.

Schlaf wirkt Wunder

9

In der Tiefschlafphase werden Wachstumshormone gebildet, die unter anderem Abwehrstoffe produzieren sowie die Spannkraft der Haut erhöhen – und dabei an die Fettreserven gehen. Schlank und schön im Schlaf – klingt wie ein Traum, ist aber wahr. Unterstützen können Sie den Effekt durch ein tägliches Minimum von sechs bis acht Stunden Schlaf und einem Abend-Snack, z. B. ein Glas Buttermilch mit einem Esslöffel Haferflocken und zwei Esslöffel Zitronensaft verrührt.

Music, music, music

10

Wohlgefühl, Leistungsfähigkeit und Kreativität erhöhen sich gleich um satte 10 Prozent, wenn Sie bei Verrichtung einer Tätigkeit Ihre Lieblingsmusik hören.

Workout für Haut und Haar

11

Körperpflege macht jede Frau selbstsicherer, ein bisschen besser gelaunt und ein wenig stärker in der Bewältigung ihres Alltags. Nehmen Sie sich regelmäßig Zeit für das Basisprogramm: Reinigung und Pflege von Gesicht, Haaren, Händen und Füßen. Und gönnen Sie sich ab und an wohltuende Extras wie Ampullen, Masken, duftende Körperöle oder sogar mal Hand- und Fußmassagen bei der Kosmetikerin.

Sonne in Maßen

12

Bereits 20 Minuten Aufenthalt im Freien reichen, um das Immunsystem auf Trab zu bringen. Intensive UV-Bestrahlung dagegen schwächt es. Die Empfehlung der Experten: nicht mehr als 50 Sonnenbäder pro Jahr nehmen, inklusive des Solariums. Dann kriegt auch die Haut nicht so schnell Fältchen.

Neben diesen Tipps und Übungen für jeden Tag spielt die Ernährug eine entscheidende Rolle für Gesundheit und Vitalität. Im Folgenden sind viele abwechslungsreiche und tolle Rezepte aufgeführt, die fürs Wohlbefinden rundherum sorgen.

Mediterr

Leichte Kost aus dem Süden Europas

In Urlaubserinnerungen schwelgen und trotzdem abnehmen? Klar doch! Mit den fettarmen Gerichten aus dem Mittelmeerraum ist das gar kein Problem. Leichte Vorspeisen, Pikantes mit Fleisch und Gemüse und viel frischen Fisch, so lautet die Devise. Alle Rezepte mit 100prozentiger Geschmacksgarantie.

anes

PFIRSICH QUARK MIT STREUSEL

Pro Port.: kJ 922/kcal 220 • Chol.: 2 mg
F: 2 g • E: 19 g • KH: 29 g • Ballastst.: 3 g

Frühstück

reicht für 2 dauert 20 Minuten

1 Scheibe Vollkorn-Knäckebrot • 1 EL ganze Haselnusskerne • 2 EL flüssiger Honig • 250 g reife Pfirsiche • 1 EL Zitronensaft • 250 g Magerquark • 2–3 EL Milch (1,5 % Fett)

1 Das Knäckebrot in kleine Stücke zerbrechen. Die Haselnüsse grob hacken. Beides in einer beschichteten Pfanne anrösten, mit 1 Esslöffel Honig beträufeln, kurz weiterrösten und zum Abkühlen auf einen Teller oder ein Stück Backpapier geben.

2 Die Pfirsiche waschen und trockenreiben. Wenn die Haut sehr fest und pelzig ist, die Früchte zusätzlich häuten. Die Pfirsiche in Viertel schneiden, dabei den Kern entfernen. Die Viertel quer in Scheiben schneiden. Mit etwas Zitronensaft beträufeln, damit sie sich nicht braun verfärben.

3 Den Quark mit der Milch und 1 Esslöffel Honig glatt rühren. Die Pfirsiche untermischen.

4 Den Quark mit den erkalteten Streuseln bestreuen und sofort servieren, da die Streusel sonst aufweichen.

Der Pfirsichquark schmeckt auch gut zwischendurch. Dann reicht aber die halbe Menge.

Beim Häuten der Pfirsiche geht im Gegensatz zum Schälen kein Fruchtfleisch verloren. Dazu die gewaschenen Pfirsiche mit einem Messer anritzen, in einer Schüssel mit kochendem Wasser übergießen und kurz stehen lassen. Die Haut lässt sich dann mühelos abziehen.

TIPP

TRAUBEN NUSS MÜSLI

Pro Port.: kJ 1084/kcal 260 • Chol.: 4 mg
F: 12 g • E: 7 g • KH: 29 g • Ballastst.: 4 g

Frühstück
reicht für 2 dauert 15 Minuten

8 ganze Walnüsse • 1 EL Haselnusskerne • 75 g Vollkornhaferflocken 200 g reife Aprikosen • 150 g kleine Weintrauben • 150 g Joghurt (1,5 % Fett) • 1–2 EL gesüßter Sanddornsaft

1 Die Walnüsse knacken und schälen. Zusammen mit den Haselnüssen grob hacken. Mit den Haferflocken vermischen und auf zwei Frühstücksschalen verteilen.

2 Die Aprikosen waschen, halbieren und die Kerne entfernen. Das Fruchtfleisch in feine Spalten schneiden. Die Trauben waschen und von den Stielen zupfen. Die Trauben bei Bedarf halbieren und entkernen und gleichmäßig über dem Müsli verteilen.

3 Den Joghurt mit Sanddornsaft glatt rühren und nach Geschmack süßen. Über das Obst löffeln und gleich servieren.

Wer mit Schwung in den Tag kommen will, sollte sich ein ballaststoffreiches Frühstück mit viel frischem Obst gönnen.

Im Winter wenn es keine frischen Aprikosen gibt, können Sie für das Müsli auch getrocknete Aprikosen (etwa fünf Stück) verwenden. Achten Sie beim Einkauf möglichst darauf, ungeschwefelte Früchte zu bekommen.

VOLLKORN KNÄCKE
MIT TOMATEN-RICOTTA

Pro Port.: kJ 578/kcal 138 • Chol.: 4 mg
F: 4 g • E: 6 g • KH: 19 g • Ballastst.: 3 g

Frühstück
reicht für 2 dauert 15 Minuten

4 getrocknete Tomaten in Öl (gibt's beim italienischen Feinkosthändler oder im gut sortierten Lebensmittelhandel) • 1 TL Pinienkerne • 150 g Ricotta (ersatzweise Magerquark) • 1 EL frisch geriebener Parmesan • 1–2 EL Milch (1,5 % Fett) • 1 unbehandelte Zitrone • Jodsalz • grob gestoßener schwarzer Pfeffer • 4 Scheiben Vollkornknäckebrot • einige Blättchen frischer Zitronenthymian oder Oregano

1 Die getrockneten Tomaten auf Küchenpapier gut abtropfen lassen. Mit einem Messer in möglichst feine Stückchen schneiden. Die Pinienkerne grob hacken oder in einem Mörser etwas zerstoßen.

2 Den Ricotta mit einer Gabel zerdrücken, die Tomaten, die Pinienkerne und den Parmesan unterrühren. Falls die Masse zu fest ist, 1 bis 2 Esslöffel Milch zufügen.

3 Die Zitrone heiß waschen und trockenreiben. Etwas Schale fein abreiben sowie etwas Saft auspressen. Den Tomaten-Ricotta mit Zitronenschale, Zitronensaft, Salz und grobem Pfeffer kräftig würzen.

4 Die Knäckebrotscheiben mit der Ricottamischung bestreichen und mit den gewaschenen Kräuterblättchen garnieren. Gleich servieren, da sonst das Knäckebrot aufweicht.

ORANGEN GRAPEFRUIT COCKTAIL

Pro Port.: kJ 1158/kcal 276 • Chol.: 129 mg
F: 5 g • E: 7 g • KH: 45 g • Ballastst.: 4 g

Frühstück
reicht für 2 dauert 10 Minuten

2 Saftorangen • 1 rose Grapefruit • 200 ml Multivitaminsaft • 1 Ei • etwas Zitronensaft • etwas Zucker

1 Die Orangen und die Grapefruit quer halbieren und mit der Zitruspresse gut auspressen. Den Saft mit dem Multivitaminsaft und dem Ei im Mixer oder mit dem Stabmixer schaumig aufschlagen.

2 Den Rand von zwei Gläsern mit etwas Zitronensaft befeuchten. In Zucker tauchen, so dass ein kleiner weißer Rand entsteht. Den Cocktail nochmals aufmixen, in die Gläser füllen und sofort servieren.

TIPP

Geben Sie in den Orangen-Grapefruit-Cocktail einen Schuss Grenadine (Granatapfelsirup) oder Campari und servieren Sie das Getränk als Aperitif.

KEFIR SHAKE MIT BEEREN

Pro Port.: kJ 770/kcal 184 • Chol.: 0 mg
F: 8 g • E: 8 g • KH: 17 g • Ballastst.: 4 g

Frühstück

reicht für 2 dauert 15 Minuten

100 g reife Brombeeren oder Heidelbeeren • 1 EL Rohrzucker • 8 frische Minzeblättchen • 2 EL Schmelzflocken • 400 ml Kefir

1 Die Beeren waschen und gut abtropfen lassen. Stielansätze und kleine Blättchen entfernen. Die Beeren mit dem Rohrzucker bestreuen und kurz durchziehen lassen. Minzeblättchen waschen und trockentupfen.

2 Beeren zusammen mit der Hälfte der Minzeblättchen, den Schmelzflocken und dem Kefir im Mixer oder mit dem Stabmixer ganz fein pürieren. In Becher füllen und mit den ganzen Minzeblättern verzieren. Sofort servieren.

TIPP

Wenn Ihnen Kefir zu »heftig« schmeckt, nehmen Sie für den Shake stattdessen einfach Buttermilch.

Statt mit frischen Beeren können Sie den Shake auch mit tiefgekühlten zubereiten. Diese nur leicht antauen lassen, dann ist der Drink gleich richtig temperiert.

MÖHREN SALAT MIT KNOBLAUCHJOGHURT

Pro Port.: kJ 1160/kcal 277 • Chol.: 4 mg
F: 19 g • E: 8 g • KH: 18 g • Ballastst.: 9 g

Snack

reicht für 2 dauert 20 Minuten

400 g Möhren • 40 g Walnusskerne • **1 EL Sonnenblumenöl** • Jodsalz • **schwarzer Pfeffer aus der Mühle** • 1 Prise Kreuzkümmel • **1 Knoblauchzehe** • 150 g Joghurt (1,5 % Fett) • **1 EL Zitronensaft** • einige Petersilienblättchen

1 Die Möhren waschen, putzen, schaben oder mit dem Sparschäler dünn schälen. Quer in feine Scheibchen schneiden. Die Walnusskerne grob hacken.

2 In einer Pfanne das Öl erhitzen, Möhren und Walnüsse darin unter Rühren so lange braten, bis die Möhren gar sind, aber noch etwas Biss haben. Mit Salz, Pfeffer und Kreuzkümmel kräftig würzen. In eine Schüssel füllen und abkühlen lassen.

3 Die Knoblauchzehe abziehen, grob hacken und mit wenig Salz bestreuen. Dann mit der Klinge eines breiten Messers fein zerdrücken.

4 Den Joghurt mit der Knoblauchzehe glatt rühren, über die Möhren geben, etwas Zitronensaft zufügen und alles gut vermischen. Nochmals abschmecken. Die Petersilienblättchen waschen, trockentupfen und den Möhrensalat damit garnieren. Sofort servieren.

TIPP

Den pikanten Knoblauchjoghurt können Sie auch als Dip zu bunten Gemüsesticks servieren oder ihn zu anderen Gemüsesalaten reichen. Besonders gut passt er zu gekochten grünen Bohnen, Blumenkohl, Brokkoli oder Rote Bete.

Der raffinierte Salat steckt voller Vitamine und sekundärer Pflanzenstoffe.

MELONE FEIGEN-SALAT MIT PARMASCHINKEN

Pro Port.: kJ 940/kcal 225 • Chol.: 35 mg
F: 8 g • E: 14 g • KH: 23 g • Ballastst.: 3 g

Snack

reicht für 2 dauert 20 Minuten

150 g Romana- oder Kopfsalat • 1/2 Ogen- oder Cavaillonmelone • **4 reife Feigen** • 1 EL Kürbiskern- oder Olivenöl • **einige Spritzer Zitronensaft** • Jodsalz • **schwarzer Pfeffer aus der Mühle** • 100 g Parmaschinken (vom Metzger oder Feinkosthändler hauchdünn aufschneiden lassen) • **einige Kerbel- oder Petersilienblättchen**

1 Den Salat waschen, dicke Blattrippen entfernen. Die Blätter in mundgerechte Stücke zerpflücken und gut abtropfen lassen.

2 Aus der Melonenhälfte die Kerne mit einem Löffel entfernen. Die Melonenhälfte längs in vier Stücke schneiden. Das Fruchtfleisch mit einem scharfen Messer von der Schale lösen. Melonenspalten in knapp fingerdicke Scheiben schneiden. Mit der austretenden Flüssigkeit in eine Schüssel geben.

3 Die Feigen wenn nötig waschen, sonst nur mit einem Tuch abreiben. In Viertel schneiden.

4 Das Öl mit Zitronensaft, Salz und Pfeffer verrühren, die Marinade abschmecken. Ein wenig von der Melonenflüssigkeit unterrühren. Die Salatblätter auf zwei Tellern ausbreiten und mit etwas Marinade beträufeln.

5 Die Melonenstücke zusammen mit den Feigen in die Schüssel mit der restlichen Marinade geben, kurz durchmischen und auf den Salatblättern anrichten.

6 Den Parmaschinken darauf legen, alles sparsam salzen und mit frisch gemahlenem Pfeffer bestreuen. Mit den gewaschenen Kräuterblättchen garnieren und sofort servieren.

NIZZA SALAT

Pro Port.: kJ 1982/kcal 473 • Chol.: 187 mg
F: 34 g • E: 33 g • KH: 9 g • Ballastst.: 4 g

Snack

reicht für 2 dauert 20 Minuten

1 Ei • 1 Hand voll Kopfsalatblätter • 2 Flaschen- oder Gärtnertomaten • 2 Frühlingszwiebeln • 8 Radieschen • 1/2 kleine Salatgurke • 4 Sardellenfilets • 1 Dose Thunfisch im eigenen Saft (185 g Inhalt) • 8 schwarze Oliven • 2 EL Olivenöl • 1 TL Weißwein- oder Rotweinessig • Jodsalz • schwarzer Pfeffer aus der Mühle • 1 Prise Zucker • einige Stiele Petersilie oder Basilikum

1 Das Ei in 7 bis 8 Minuten hart kochen, kalt abschrecken und pellen. Den Kopfsalat putzen, waschen und in mundgerechte Stücke zerpflücken. Gut abtropfen lassen.

2 Die Tomaten waschen. Die Tomaten achteln, dabei die Stielansätze entfernen. Die Frühlingszwiebeln waschen, ganz dunkles Grün entfernen. Die Zwiebeln in feine Ringe schneiden.

3 Die Radieschen waschen, putzen und ebenfalls achteln. Die Gurke waschen, längs halbieren und die Kerne mit einem Löffel herausschaben. Die Gurkenhälften in nicht zu dünne Scheiben schneiden.

4 Die Sardellenfilets gründlich unter kaltem Wasser abspülen und zusammen mit dem Thunfisch in einem Sieb abtropfen lassen. Die Oliven halbieren und entkernen.

5 In einer Schüssel das Öl mit Essig, Salz und Pfeffer gründlich verrühren. Den Salat, das vorbereitete Gemüse und die Oliven zufügen und alles vermischen. Mit Salz, Pfeffer und einer Prise Zucker abschmecken. In zwei Salatschüsseln anrichten.

6 Das Ei achteln. Den Thunfisch in mundgerechte Stücke zerpflücken, die Sardellenfilets halbieren. Alles auf dem Salat anrichten. Petersilie oder Basilikum waschen, trockenschütteln und die Blättchen abzupfen. Den Salat damit garnieren und sofort servieren.

Falls Sie kein so großer Fischfan sein sollten, können Sie Sardellen und Thunfisch durch eingelegte Artischockenherzen oder eine Hand voll gekochte Kartoffelwürfel austauschen.

Der Klassiker unter den gemischten Salaten schmeckt nach Urlaub pur – so macht Abnehmen Spaß.

VOLLKORN TOAST
MIT PECORINOCREME

Pro Port.: kJ 1264/kcal 302 • Chol.: 32 mg
F: 13 g • E: 19 g • KH: 24 g • Ballastst.: 3 g

Snack
reicht für 2 dauert 15 Minuten

50 g reifer (harter) Pecorino • 125 g fettarmer Frischkäse (5–8 % Fett absolut) • **1 TL trockener Sherry** • Jodsalz • **grob gestoßener schwarzer Pfeffer** • 1 kleiner roter Rettich • **1 Stück Salatgurke (150 g)** • 4 Scheiben Vollkorntoastbrot

1 Den Pecorino auf der Käse- oder Rohkostreibe fein reiben. In einer Schüssel mit dem Frischkäse und dem Sherry gründlich verrühren. Die Masse mit Salz und Pfeffer kräftig würzen.

2 Den Rettich waschen, putzen, abschaben oder schälen und quer in feine Scheiben schneiden. Die Gurke ebenfalls waschen, putzen und in Scheiben schneiden.

3 Die Brotscheiben toasten und mit der Käsecreme bestreichen. Die Brote jeweils mit Rettich- und Gurkenscheiben dekorativ belegen. Nochmals leicht salzen und pfeffern und sofort servieren.

Pecorino ist ein italienischer Käse, der aus Schafsmilch hergestellt wird. Deshalb hat er auch eine leicht säuerliche Note. Mit zunehmendem Alter wird er immer salziger und pikanter, also ideal zum Würzen.

Wenn es einmal schnell gehen soll, können Sie auch fertige italienische Klößchen aus dem Kühlregal zum Paprikasugo reichen. ▸

KARTOFFEL GNOCCHI
MIT PAPRIKASUGO

Pro Port.: kJ 1992/kcal 475 • Chol.: 135 mg
F: 13 g • E: 19 g • KH: 69 g • Ballastst.: 17 g

Snack
reicht für 2 dauert 55 Minuten

400 g mehlig kochende Kartoffeln • 80 g Mehl • 1 Ei • Jodsalz • Pfeffer aus der Mühle • frisch geriebene Muskatnuss • je 1 rote, grüne und gelbe Paprikaschote • 1 Schalotte • 1 EL Olivenöl • 150 g passierte Tomaten (Fertigprodukt) • 1 Zweig frischer Thymian • 2 EL frisch geriebener Parmesan

1 Die Kartoffeln waschen und samt Schale in etwa 20 Minuten gar kochen. Abgießen, dann den Topf nochmals kurz auf die Herdplatte stellen, damit die Kartoffeln richtig ausdampfen und ganz trocken sind.

2 Die Kartoffeln noch warm pellen und durch die Kartoffelpresse drücken. Mit dem Mehl und dem Ei vermischen und mit Salz, Pfeffer und Muskat kräftig würzen.

3 Aus dem Teig eine Rolle formen, davon walnussgroße Stücke abschneiden und kleine Taler daraus formen. Mit den Zinken einer Gabel ein Muster eindrücken.

4 Die Paprikaschoten waschen, halbieren und die Kerne entfernen. Das Fruchtfleisch fein würfeln. Die Schalotte abziehen und fein hacken.

5 In einem Topf das Olivenöl erhitzen, die Schalotte darin glasig werden lassen. Die Paprikawürfel rundum kräftig anbraten, mit den Tomaten ablöschen. Salz, Pfeffer und Thymian zufügen. Die Sauce mindestens 15 Minuten leise kochen lassen.

6 Die Gnocchi in reichlich kochendes Salzwasser geben und bei milder Hitze in 10 bis 12 Minuten gar ziehen lassen. Abgießen und in tiefen Tellern anrichten.

7 Den Thymianzweig aus dem Sugo entfernen. Tomaten-Paprika-Sugo mit Salz und Pfeffer abschmecken. Über die Gnocchi geben und mit Parmesan bestreut servieren.

TIPP

So können Sie die Gnocchi zusätzlich noch etwas »einfärben« und aromatisieren: Eine Prise Safranpulver oder zwei Esslöffel besonders fein gehackte Kräuter wie Estragon, Thymian oder Basilikum unter den Kartoffelteig mischen.

HEFE FLADEN MIT MOZZARELLA

**Pro Port.: kJ 2603/kcal 622 • Chol.: 0 mg
F: 27 g • E: 30 g • KH: 65 g • Ballastst.: 4 g**

Snack

reicht für 2

dauert 30 Minuten
ruht 40 Minuten

175 g Mehl • **1/2 Tütchen Trockenhefe** • **1 Prise Zucker** • **Jodsalz** • **2 EL Olivenöl** • **200 g Mozzarella** • **8 Kirschtomaten** • **einige frische Salbeiblätter** • **grobes Meersalz** • **grob gestoßener schwarzer Pfeffer**

1 Das Mehl in eine Schüssel füllen. Die Trockenhefe mit dem Zucker und 4 Esslöffel lauwarmem Wasser glatt rühren. Mit dem Mehl vermischen. Eine gute Prise Salz und das Öl zufügen. Alles gründlich mit dem Handrührgerät verkneten, bis sich der Teig vom Schüsselrand löst.

2 Den Teig in der Schüssel mit einem Tuch abgedeckt 20 Minuten gehen lassen. Anschließend durchkneten, in vier Stücke teilen und möglichst dünne Fladen daraus formen. Auf ein mit Backpapier belegtes Blech legen und weitere 20 Minuten gehen lassen.

3 In der Zwischenzeit den Backofen auf 220 °C (Umluft 200 °C, Gas Stufe 4–5) vorheizen. Den Mozzarella abtropfen lassen und in dünne Scheiben schneiden. Die Kirschtomaten waschen und halbieren. Die Salbeiblättchen waschen und trockentupfen.

4 Die Fladen im heißen Backofen zunächst 12 Minuten backen. Herausnehmen und mit Tomaten und Mozzarella belegen. Mit Salbei, Meersalz und Pfeffer würzen. Im Ofen in 8 bis 10 Minuten fertig backen, der Mozzarella soll nur ganz leicht geschmolzen sein.

TÜRKISCHE ERBSEN SUPPE

Pro Port.: kJ 825/kcal 198 • Chol.: 0 mg
F: 2 g • E: 13 g • KH: 31 g • Ballastst.: 10 g

Snack

reicht für 2 dauert 45 Minuten

400 g frische Erbsenschoten (ersatzweise 200 g tiefgekühlte Erbsen) • 3 Frühlingszwiebeln • 1/2 Kopfsalat • 1/2 l Gemüsebrühe • 100 g Zuckerschoten • Jodsalz • 2 Scheiben Vollkorntoast • schwarzer Pfeffer aus der Mühle • etwas Paprikapulver

1 Die Erbsen aus den Schoten palen. Die Frühlingszwiebeln waschen, putzen und in Ringe schneiden. Den Kopfsalat waschen, die Blätter abtropfen lassen und grob hacken.

2 In einem Topf die Erbsen, die Frühlingszwiebeln und den Kopfsalat in der Gemüsebrühe in 30 Minuten weich kochen.

3 In der Zwischenzeit die Zuckerschoten waschen, in Salzwasser in 4 bis 5 Minuten knackig gar kochen. Kalt abschrecken, damit sie schön grün bleiben. Abtropfen lassen. Die Zuckerschoten schräg in Rauten schneiden. Das Brot würfeln und in einer Pfanne ohne Fett kräftig anrösten.

4 Die Suppe mit dem Stabmixer oder im Mixer sehr fein pürieren. Mit Salz, Pfeffer und etwas Paprikapulver kräftig würzen. Die Zuckerschoten in der Suppe erwärmen, in Teller verteilen und mit den Croûtons servieren.

◀ *Die Hefefladen schmecken frisch aus dem Ofen am besten.*

TIPP

Bereiten Sie vom Hefeteig gleich die doppelte oder eine noch größere Menge zu. Er lässt sich nämlich problemlos einfrieren. Nach dem Auftauen einfach wie im Rezept beschrieben gehen lassen, gut kneten und anschließend formen.

ROTBARBEN IN TOMATEN VINAIGRETTE

Pro Port.: kJ 854/kcal 203 • Chol.: 0 mg
F: 5 g • E: 30 g • KH: 7 g • Ballastst.: 2 g

Zwiebeln können Sie gar nicht genug essen! Ihr werden so viele Heilkräfte zugeschrieben, dass man sie fast als Allheilmittel bezeichnen könnte. ▶

Mit einer Scheibe Vollkornbrot serviert, sind die Rotbarben mit Tomatenvinaigrette auf Rucola ein leichtes Abendessen. ▼

Snacks

reicht für 2 dauert 30 Minuten

1 Hand voll Rucolablätter • 2 Fleischtomaten • **1 TL Aceto balsamico** • Jodsalz • **1 Prise Zucker** • grob gestoßener schwarzer Pfeffer • **300 g Rotbarbenfilets** • 1 Knoblauchzehe • **einige Tropfen Olivenöl** • 2 EL Weißwein

1 Die Rucolablätter waschen und in einem Sieb gut abtropfen lassen. Die Fleischtomaten mit einem Messer anritzen, in kochendes Wasser geben und einmal aufwallen lassen. Tomaten mit kaltem Wasser abschrecken, häuten und die Stielansätze herausschneiden.

2 Die Tomaten über einer Schüssel quer halbieren und die Kerne herausdrücken, dabei Saft und Kerne auffangen. Tomatenfruchtfleisch in kleine Würfel schneiden, den dabei austretenden Saft auffangen. Tomatenkerne samt -saft durch ein Sieb gießen, die Kerne mit einem Löffel ausdrücken, den Saft auffangen.

3 Den Elektrogrill oder den Ofen auf 250 °C (Umluft 230 °C, Gas Stufe 6) vorheizen. Den Aceto balsamico zum Tomatensaft geben, mit Salz, Zucker und Pfeffer kräftig abschmecken. Die Rotbarbenfilets trockentupfen, mit Salz und Pfeffer würzen. Die Knoblauchzehe abziehen und in feine Scheibchen schneiden.

4 Die Mitte des Backblechs ganz dünn mit Öl bestreichen, die Fischfilets darauf geben und mit den Knoblauchscheiben belegen. Mit dem Weißwein beträufeln und unter dem Grill oder im Backofen 6 bis 8 Minuten garen.

5 Die Rucolablätter auf zwei Tellern auslegen. Die gegrillten Rotbarbenfilets darauf anrichten. Den entstandenen Saft zu den Tomaten geben. Alles noch mal gut durchmischen und über den Fischfilets verteilen. Sofort servieren.

KABELJAU MIT GEFÜLLTEN PAPRIKASCHOTEN

Pro Port.: kJ 2476/kcal 591 • Chol.: 124 mg
F: 9 g • E: 52 g • KH: 71 g • Ballastst.: 13 g

Hauptgericht
reicht für 2 dauert 55 Minuten

1 kleine Zwiebel • **2 TL Öl** • **2 EL Rosinen** • **125 g Langkornreis** • **1/2 l Gemüsebrühe** • **Jodsalz** • **Pfeffer aus der Mühle** • **je 1 Prise gemahlene Muskatnuss und Nelke oder Piment** • **je 2 kleine rote und grüne Paprikaschoten** • **150 g Pizzatomaten (geschälte, gewürfelte Tomaten aus der Dose)** • **400 g Kabeljaufilet** • **1 Zweig Rosmarin oder einige getrocknete Rosmarinnadeln** • **1/2 Bund frischer Dill** • **150 g Joghurt (1,5 % Fett)** • **etwas Zitronensaft**

1 Die Zwiebel abziehen und fein hacken. In einem Topf 1 Teelöffel des Öls erhitzen. Die Zwiebel darin unter Rühren weich dünsten. Die Rosinen und den Reis zufügen, kurz anbraten und mit 350 Milliliter der Gemüsebrühe auffüllen. Leicht salzen und pfeffern, mit Muskat, Nelke oder Piment würzen. Den Deckel auflegen und den Reis bei ganz milder Hitze etwa 20 Minuten ausquellen lassen.

2 In der Zwischenzeit die Paprikaschoten waschen, einen Deckel abschneiden und das Kerngehäuse mitsamt den dicken weißen Rippen vorsichtig herausschneiden.

3 Den gegarten Reis in die Paprikaschoten füllen. Die Deckel auflegen. Die gefüllten Schoten in einen passenden Topf stellen. Die restliche Brühe und die Pizzatomaten dazugeben. Die Paprika bei milder Hitze in 10 bis 15 Minuten garen. Den Grill oder den Backofen auf 250 °C (Umluft 230 °C, Gas Stufe 6) vorheizen.

4 Den Kabeljau in Portionsstücke teilen, mit dem restlichen Öl einpinseln, salzen und pfeffern. Fischstücke in eine ofenfeste Form legen, den Rosmarin darauf geben. Unter dem Grill oder im heißen Backofen je nach Dicke der Filets etwa 10 bis 12 Minuten garen.

5 Den Dill waschen, trockenschütteln und fein hacken. Unter den Joghurt rühren und mit Salz, Pfeffer und Zitronensaft kräftig abschmecken.

6 Die Paprikaschoten aus der Sauce heben, auf Tellern anrichten. Die Sauce abschmecken, mit den Paprikaschoten anrichten. Den Kabeljau mit der Joghurtsauce dazu servieren.

LACHSSTEAKS
AUF PORREEGEMÜSE

Pro Port.: kJ 1390/kcal 332 • Chol.: 49 mg
F: 18 g • E: 25 g • KH: 14 g • Ballastst.: 7 g

Hauptgericht
reicht für 2 dauert 45 Minuten

2 Lachssteaks à 180–200 g • 1 EL Rapsöl • **Jodsalz** • schwarzer Pfeffer aus der Mühle • **500 g Porree** • 1 Fleischtomate (200 g) • **50 g kleine Champignons** • 1 EL Zitronensaft • **1 EL Butter** • 5 EL Gemüsebrühe • **2 EL Anisschnaps (z.B. Pernod)** • Kräuterblättchen zum Garnieren

1 Die Lachssteaks trockentupfen. Öl, etwas Salz und Pfeffer verrühren, die Steaks mit dieser Mischung rundherum einreiben, in Frischhaltefolie wickeln und 30 Minuten im Kühlschrank ziehen lassen.

2 Inzwischen den Porree putzen und von den harten Blättern befreien, Porree gründlich waschen und schräg in etwa 3 Zentimeter lange Stücke schneiden. Porreestücke in sprudelnd kochendem Salzwasser je nach Dicke in 3 bis 5 Minuten bissfest kochen. Aus dem Wasser heben, eiskalt abschrecken und gut abtropfen lassen.

3 Die Tomate kurz ins kochende Wasser tauchen, abschrecken, häuten, quer halbieren und entkernen. Das Tomatenfleisch in Würfel schneiden, dabei den Stielansatz entfernen. Die Champignons putzen und in Scheiben schneiden, sofort im Zitronensaft wenden.

4 Die Butter in einem flachen Topf erhitzen, die Gemüsebrühe und den Anisschnaps zufügen, die Porreestücke darin heiß werden lassen.

5 Den Lachs aus der Folie nehmen und in einer heißen beschichteten Pfanne auf jeder Seite etwa 2 1/2 Minuten braten.

Die Lachssteaks sind im Sommer vom Holzkohlengrill ein absoluter Genuss. Auf jeder Seite zwei bis drei Minuten grillen und das Porreegemüse dazu servieren.
Zu den Lachssteaks schmeckt am besten ein Glas gut gekühlter trockener Weißwein.

TIPP

6 Tomatenwürfel und Champignonscheiben unter den Porree mischen, das Gemüse mit Salz und Pfeffer abschmecken. Das Porreegemüse mit dem Lachs auf vorgewärmten Tellern anrichten und mit Kräutern garnieren. Dazu passt eine Wildreismischung.

GARNELEN
MIT PAPRIKA-GRAUPEN

Pro Port.: kJ 2140/kcal 511 • Chol.: 266 mg
F: 10 g • E: 46 g • KH: 57 g • Ballastst.: 14 g

Hauptgericht
reicht für 2 dauert 1 Stunde, 10 Minuten

je 1 rote, grüne und gelbe Paprikaschote • 1 unbehandelte Zitrone • 1 Knoblauchzehe • 1 EL Olivenöl • 125 g Gersten- oder Weizengraupen • 400 ml Gemüsebrühe oder Fischfond (Fertigprodukt) • Jodsalz • schwarzer Pfeffer aus der Mühle • 500 g rohe Garnelen • einige Stiele frischer Koriander (ersatzweise Kerbel oder Petersilie)

1 Den Backofen auf 220 °C (Umluft 200 °C, Gas Stufe 4–5) vorheizen. Die Paprikaschoten in eine feuerfeste Form legen und für 20 bis 30 Minuten in den heißen Ofen schieben, bis die Haut Blasen wirft. Die Schoten kurz mit einem feuchten Tuch abdecken und etwas abkühlen lassen.

2 Von den Schoten die Haut abziehen. Die Paprikaschoten über einer Schüssel halbieren, den austretenden Saft dabei auffangen. Die weißen Rippen und die Kerne entfernen, das Fruchtfleisch in Würfel schneiden.

3 Die Zitrone heiß waschen, trockenreiben und längs halbieren. Von einer Hälfte die Schale fein abreiben.

4 Die Knoblauchzehe abziehen und fein hacken. Das Öl in einem Topf erhitzen. Den Knoblauch darin glasig werden lassen, die Graupen zufügen und anbraten. Paprikawürfel mitsamt dem ausgetretenen Saft untermischen und mit der Flüssigkeit ablöschen. Mit Salz, Pfeffer und der abgeriebenen Zitronenschale würzen. Die Graupen zugedeckt bei milder Hitze zunächst 20 Minuten garen.

5 Die Garnelen waschen und auf die Graupen legen. Alles zusammen in weiteren 15 Minuten fertig garen. Den Koriander waschen, trockenschütteln, die Blättchen von den Stielen zupfen und grob hacken.

6 Die Garnelen auf Teller geben, den Koriander unter die Graupen mischen, mit Salz und Pfeffer abschmecken. Graupen neben den Garnelen anrichten. Die restliche Zitronenhälfte in Spalten schneiden und dazu servieren.

◀ In Maßen ist Alkohol beim Abnehmen erlaubt. Mehr als ab und zu ein Gläschen sollte es aber nicht sein, da Alkohol die Fettverbrennung hemmt.

Die Graupen sind eine raffinierte Alternative zu Risotto und zusammen mit Paprika und Garnelen ganz köstlich.

ROTBARSCH AUF TAGLIATELLE MIT TOMATEN

Pro Port.: kJ 2783/kcal 664 • Chol.: 100 mg
F: 15 g • E: 57 g • KH: 68 g • Ballastst.: 9 g

Hauptgericht
reicht für 2 dauert 40 Minuten

4 Fleischtomaten (ca. 500 g) • 1 kleine Zwiebel • **1 kleine Möhre** • 1 Stange Staudensellerie • **1 Knoblauchzehe** • 1 EL Olivenöl • **1 EL Tomatenmark** • 100 ml Gemüsebrühe • **Jodsalz** • schwarzer Pfeffer aus der Mühle • **400 g Rotbarschfilet** • 4 EL trockener Sherry oder Wermut • **1 Zweig frischer Thymian oder 1 TL getrockneter Thymian** • 150 g Tagliatelle (Bandnudeln)

1 Die Tomaten in kochendes Wasser geben, kurz aufwallen lassen, abgießen und eiskalt abschrecken. Die Haut abziehen, die Tomaten quer halbieren und dabei die Stielansätze entfernen. Die Tomatenkerne herausdrücken und entfernen. Das Fruchtfleisch grob würfeln und zugedeckt beiseite stellen.

2 Die Zwiebel abziehen und fein hacken. Möhre und Sellerie waschen, putzen und ebenfalls sehr fein hacken. Die Knoblauchzehe abziehen.

3 In einem Topf das Öl erhitzen und das vorbereitete Gemüse, außer den Tomaten, darin unter Rühren glasig werden lassen. Tomatenmark unterrühren und mit der Brühe ablöschen. Das Gemüse salzen, pfeffern und etwa 10 Minuten sanft kochen lassen.

4 Die Rotbarschfilets leicht salzen und pfeffern. Auf einen hitzebeständigen Teller legen, der in einen Topf passt, um die Filets im Dampf zu garen. Den entsprechenden Topf gut zwei fingerbreit mit Wasser füllen, Sherry oder Wermut dazugießen und den Thymian zufügen.

5 Eine hitzebeständige Tasse umgedreht in den Topf stellen, darauf den Fischteller setzen. Die Flüssigkeit zum Kochen bringen, sie darf den Teller auf keinen Fall überspülen. Den Topfdeckel auflegen und den Fisch je nach Dicke in 10 bis 12 Minuten garen.

6 In der Zwischenzeit die Tagliatelle in reichlich Salzwasser nach Packungsangabe bissfest kochen.

7 Die Tomatenwürfel mitsamt dem entstandenen Saft unter das Gemüse rühren. Die Knoblauchzehe herausnehmen, alles mit Salz und Pfeffer kräftig abschmecken.

8 Die Nudeln abgießen, kurz abtropfen lassen, sofort mit den Tomaten vermischen und in Pasta-Tellern anrichten. Den Fisch mit einer breiten Palette vom Dämpfteller heben und auf die Tagliatelle legen.

GEGRILLTER SEELACHS MIT ZUCCHINIFLADEN

Pro Port.: kJ 1822/kcal 435 • Chol.: 299 mg
F: 12 g • E: 54 g • KH: 26 g • Ballastst.: 11 g

Hauptgericht
reicht für 2 dauert 1 Stunde, 10 Minuten

1 Aubergine • 1 rote Paprikaschote • 250 g Zucchini • 1 mittelgroße Kartoffel • je einige Zweige frischer Dill und glatte Petersilie • 1 EL Mehl • 1 Ei • Jodsalz • schwarzer Pfeffer aus der Mühle • Rosenpaprikapulver • 1 Knoblauchzehe • etwas Zitronensaft • 400 g Seelachsfilet • 2 EL Olivenöl

1 Den Backofen auf 200 °C (Umluft 180 °C, Gas Stufe 3–4) vorheizen. Die Aubergine und die Paprika waschen, in eine feuerfeste Form legen und für 30 Minuten in den Backofen schieben.

2 Inzwischen die Zucchini waschen und putzen, die Kartoffel schälen. Beides auf der Gemüsereibe fein reiben und in einer Schüssel vermischen. Die Kräuter waschen, trockenschütteln und fein hacken. Mit dem Mehl und dem Ei unter das geriebene Gemüse rühren. Den Zucchiniteig mit Salz, Pfeffer und Paprikapulver kräftig abschmecken. Zugedeckt beiseite stellen.

3 Aubergine und Paprika aus dem Ofen nehmen, mit einem feuchten Tuch abdecken, etwas abkühlen lassen. Dann die Haut der Paprika abziehen, den austretenden Saft dabei auffangen. Die Aubergine längs halbieren, das Fruchtfleisch mit einem Löffel herauslösen. Auberginenfruchtfleisch und gehäutete Paprika fein hacken oder im Mixer pürieren.

4 Die Knoblauchzehe abziehen, fein hacken und unter das Püree rühren, kräftig mit Salz, Pfeffer und etwas Zitronensaft abschmecken.

5 Das Seelachsfilet trockentupfen, mit ein wenig vom Olivenöl einpinseln, rundherum salzen und pfeffern. Den Fisch in einer heißen beschichteten Pfanne ohne weitere Fettzugabe kräftig anbraten, dann bei milder Hitze auf beiden Seiten je 3 bis 4 Minuten braten. Dabei am besten mit einer breiten Palette wenden, damit der Fisch nicht zerfällt. Auf eine Platte geben, mit Alufolie abdecken und warm stellen.

6 Die Pfanne mit Küchenpapier sauberreiben und anschließend mit wenig Öl auspinseln. Den Zucchiniteig esslöffelweise in die Pfanne geben, leicht flach drücken und auf diese Weise nacheinander kleine Fladen ausbacken.

7 Den Seelachs mit wenig Zitronensaft beträufeln, mit Zucchinifladen und Auberginenpüree servieren.

TIPP

Das Auberginenpüree passt auch zu Grillfleisch. Probieren Sie es unbedingt einmal auf einer dicken Scheibe Schwarzbrot, mit einem Hauch Butter bestrichen.

Zu den saftigen Tomatennudeln gibt es zartes, gedünstetes Rotbarschfilet.

LAMM SOUVLAKI MIT GEMÜSEPILAW

Pro Port.: kJ 2263/kcal 540 • Chol.: 50 mg
F: 19 g • E: 26 g • KH: 66 g • Ballastst.: 7 g

Hauptgericht
reicht für 2 dauert 40 Minuten

250 g Lammfleisch aus der Schulter • 1 TL Rosmarin • 1 Knoblauchzehe • 2 EL Olivenöl • 1 Zwiebel • 1 Möhre • 1 kleine Zucchini • 100 g Zuckerschoten • 1 EL Sultaninen oder Rosinen • 1 EL Pinienkerne • 125 g Langkornreis • 350 ml Gemüsebrühe • 1 Prise Kreuzkümmel • Jodsalz • Pfeffer aus der Mühle • etwas Zitronensaft

1 Das Lammfleisch eventuell von Sehnen und Fett befreien. In etwa 1 1/2 Zentimeter große Würfel schneiden. In eine kleine Schüssel geben und mit dem Rosmarin vermischen. Die Knoblauchzehe abziehen und ganz fein hacken. Mit 1 Esslöffel Olivenöl zum Fleisch geben und mit den Fingerspitzen regelrecht einmassieren. Abgedeckt kurz durchziehen lassen.

2 Die Zwiebel abziehen und in möglichst kleine Würfel schneiden. Möhre, Zucchini und Zuckerschoten waschen und putzen. Möhre und Zucchini längs halbieren und in Scheiben schneiden. Die Zuckerschoten schräg in etwa ebenso große Stücke schneiden.

3 Das restliche Öl in einem Topf erhitzen. Die Zwiebel darin unter Rühren glasig dünsten, das restliche Gemüse, die Rosinen und die Pinienkerne zufügen, den Reis dazugeben und alles kräftig anbraten.

4 Mit der Brühe aufgießen, mit Kreuzkümmel, Salz und Pfeffer würzen. Den Gemüsepilaw zugedeckt bei milder Hitze in etwa 25 bis 30 Minuten garen.

5 Das Lammfleisch auf Schaschlikspieße stecken. In einer heißen beschichteten Pfanne rundherum etwa 10 Minuten kräftig braten. Die Souvlaki auf dem Pilaw anrichten und mit etwas Zitronensaft beträufelt servieren.

TIPP

Ersatzweise können Sie für die Spieße auch mageres Schweinefleisch (z.B. Schnitzelfleisch oder Filet) verwenden.

Statt sie in einer Pfanne zu braten, können die Lammspieße auch wunderbar bei der nächsten Gartenparty gegrillt werden.

VENEZIANISCHER KÜRBIS RISOTTO

Ein guter Risotto sollte schön sämig sein, aber noch Biss haben. Daher auf jeden Fall speziellen Risottoreis verwenden.

Pro Port.: kJ 2748/kcal 657 • Chol.: 625 mg
F: 21 g • E: 42 g • KH: 73 g • Ballastst.: 4 g

Hauptgericht
reicht für 2 dauert 40 Minuten

etwa 500 g orangefleischiger Kürbis (z.B. Muskatkürbis) • 1 Schalotte • 1 Knoblauchzehe • einige Stiele glatte Petersilie • 2 EL Olivenöl • 150 g italienischer Risotto-Reis (Arborio oder Carnaroli) • 400–500 ml heiße Gemüsebrühe • 250 g Geflügelleber • Jodsalz • schwarzer Pfeffer aus der Mühle • 1 TL Aceto balsamico • 1 Prise Zimtpulver • 30 g frisch geriebener Parmesan

1 Den Kürbis schälen, die Kerne und die Fasern entfernen. Das Fruchtfleisch auf der Rohkostreibe grob raspeln oder mit einem Messer fein hacken. Die Schalotte und den Knoblauch abziehen und fein hacken.

2 In einem Topf 1 Esslöffel Öl erhitzen, Schalotte und Knoblauch darin glasig dünsten. Das Kürbisfleisch zufügen und unter Rühren ebenfalls glasig werden lassen.

3 Den Reis dazugeben, anbraten und mit ein wenig kochender Brühe ablöschen. Den Risotto bei milder Hitze köcheln lassen, immer wieder umrühren und nach und nach mit der heißen Brühe aufgießen. So viel Brühe verwenden, dass der Risotto schön sämig ist, die einzelnen Reiskörner aber noch etwas Biss haben.

4 In der Zwischenzeit die Geflügelleber kurz unter kaltem Wasser waschen, trockentupfen und putzen, dabei kleine Häutchen und Sehnen entfernen. Die Leber salzen und pfeffern.

5 Das restliche Öl in einer beschichteten Pfanne erhitzen, die Leber darin kräftig anbraten und in etwa 8 Minuten bei milder Hitze garen. Mit dem Aceto balsamico ablöschen und neben dem Herd kurz nachziehen lassen.

6 Den Risotto mit Salz, Pfeffer und etwas Zimt abschmecken, den Parmesan unterrühren. Risotto mit der Geflügelleber anrichten, zum Schluss mit der Bratflüssigkeit beträufeln.

ORANGEN GELEE MIT TEESAUCE

Pro Port.: kJ 1119/kcal 267 • Chol.: 0 mg
F: 2 g • E: 8 g • KH: 47 g • Ballastst.: 7 g

Dessert

reicht für 2

dauert 30 Minuten
kühlt 3 Stunden

je 2 Orangen und Blutorangen • 3 Blatt weiße Gelatine • **1/4 l Orangensaft** • 1 Schuss Orangenlikör • **1 Beutel oder 1 EL Blätter Earl Grey Tee** • etwas Zitronensaft • **1 TL fein gehackte ungesalzene Pistazienkerne**

1 Die Orangen bis auf das Fruchtfleisch abschälen. Die einzelnen Filets mit einem Messer zwischen den Häuten herausschneiden, dabei den Saft auffangen. Die Filets in einem Sieb abtropfen lassen.

2 Gelatine in kaltem Wasser 5 Minuten einweichen. Den aufgefangenen Orangensaft mit Orangensaft auf 1/4 Liter auffüllen, mit Orangenlikör abschmecken, erhitzen und die ausgedrückte Gelatine darin unter Rühren auflösen.

3 Die Orangenfilets in zwei kleine Schälchen schichten, mit dem warmen Orangensaft auffüllen, so dass die Filets ganz bedeckt sind. Abkühlen lassen, dann zum Festwerden für mindestens 3 Stunden kalt stellen.

4 Für die Teesauce den restlichen Orangensaft erhitzen, den Teebeutel oder die Blätter in einem Teeei hineingeben und mindestens 10 Minuten ziehen lassen. Die Sauce bei milder Hitze auf die Hälfte einkochen lassen. Mit Zitronensaft abschmecken und abkühlen lassen.

5 Zum Servieren das Gelee auf Teller stürzen, mit der Sauce umgießen und mit den fein gehackten Pistazien garnieren.

APRIKOSEN SUPPE MIT BEEREN

Pro Port.: kJ 660/kcal 157 • Chol.: 0,3 mg
F: 0,5 g • E: 2 g • KH: 31 g • Ballastst.: 3 g

Dessert

reicht für 2

dauert 30 Minuten
kühlt 2 Stunden

300 g reife Aprikosen • 1 EL Zucker • **1 Schuss Weißwein** • 2 EL Aprikosenlikör oder -schnaps • **etwas Zitronensaft** • 100 g gemischte Beeren • **2 TL Joghurt (1,5 % Fett)** • Puderzucker zum Bestäuben

1 Die Aprikosen waschen, halbieren und entsteinen. Das Fruchtfleisch in grobe Stücke schneiden, mit Zucker, Weißwein und 200 Milliliter Wasser in einen Topf geben und bei milder Hitze weich kochen.

2 Die Aprikosensuppe im Mixer oder mit dem Stabmixer fein pürieren. Mit dem Likör oder Schnaps und einigen Tropfen Zitronensaft abschmecken. Abkühlen lassen, dann im Kühlschrank 2 Stunden gut durchkühlen lassen.

3 Kurz vor dem Servieren die Beeren verlesen – nur wenn nötig waschen und abtropfen lassen – Stielansätze oder Blättchen entfernen, große Beeren eventuell halbieren.

4 Die Aprikosensuppe in tiefe Teller füllen, die Beeren hineinstreuen. Den Joghurt glatt rühren und als Klecks in die Mitte setzen. Mit Puderzucker überstäubt servieren.

Knuspermüsli selbst gemacht: Da bekommen die frischen Früchte so richtig Biss. ▶

MACEDONIA MIT KROKANT STREUSEL

Pro Port.: kJ 838/kcal 200 • Chol.: 0 mg
F: 1 g • E: 4 g • KH: 40 g • Ballastst.: 6 g

Dessert
reicht für 2 dauert 25 Minuten

2 EL Haferflocken • 1 gehäufter EL Zucker • **1 Orange** • 1 reifer Pfirsich • **5–6 reife Aprikosen** • 1 Hand voll Kirschen oder Himbeeren • **1/2 Zitrone** • Minze

1 Die Haferflocken in einer beschichteten Pfanne kräftig anrösten, den Zucker darüber streuen, schmelzen lassen und unter Rühren kleine Krokantstreusel herstellen. Auf Backpapier schütten, abkühlen lassen und zerkleinern.

2 Von der Orange eine kleine Kappe abschneiden. Dann längs Stück für Stück die Schale bis auf das Fruchtfleisch wegschneiden. Am besten über einer Schüssel arbeiten um den austretenden Saft dabei aufzufangen. Die einzelnen Filets zwischen den Häuten herausschneiden und zum Saft in die Schüssel geben. Zum Schluss das übrig gebliebene Hautgerippe mit der Hand gut ausdrücken.

3 Den Pfirsich und die Aprikosen waschen, die Früchte halbieren, die Steine entfernen und das Fruchtfleisch in schmale Spalten schneiden.

4 Die Kirschen waschen und entsteinen oder die Himbeeren verlesen und nur wenn nötig waschen. Alles zu den Orangenfilets geben, vermischen und mit Zitronensaft abschmecken.

5 Den Fruchtsalat auf Tellern anrichten, mit den Streuseln bestreuen und mit gewaschenen Minzeblättchen garnieren.

Asiatisc

Köstliche Gerichte aus Fernost

Übergewichtige Asiaten sind eine absolute Seltenheit (Ausnahmen wie die Sumo-Ringer bestätigen die Regel). Kein Wunder, denn bei den Ernährungsgewohnheiten der Menschen in Asien ist es äußerst schwierig, dick zu werden. Nutzen auch Sie die Vorteile einer gemüse- und fischlastigen Küche, kombiniert mit raffinierten Saucen und herrlich duftendem Reis.

hes

MANGO RÜHREI

Pro Port.: kJ 1745/kcal 416 • Chol.: 386 mg
F: 19 g • E: 18 g • KH: 42 g • Ballastst.: 5 g

Snack

reicht für 2 dauert 20 Minuten

1 kleine reife Mango (etwa 300 g) • 2 Frühlingszwiebeln **• 4–6 Salatblätter •** 3 Eier **• 2 EL helle Sojasauce •** 1/2 TL Sesamöl **• 1 EL Soja- oder Rapsöl •** 4 Scheiben Mehrkorntoast

1 Die Mango schälen, das Fruchtfleisch in großen Spalten vom Stein, dann in kleine Stücke schneiden. Die Frühlingszwiebeln putzen, waschen und in feine Ringe schneiden. Die Salatblätter waschen und gut abtropfen lassen.

2 Die Eier in einer Schüssel verquirlen und die Mangostücke dazugeben. Mit Sojasauce und Sesamöl würzen und die Frühlingszwiebelringe unterrühren.

3 Das Öl in einer beschichteten Pfanne erhitzen. Die Eimasse hineingießen und bei schwacher Hitze unter gelegentlichem Rühren zu einer cremigen Masse stocken lassen. Auf den Salatblättern anrichten.

4 Die Toastbrotscheiben anrösten, diagonal halbieren und zum Rührei servieren.

SÜSS-SAURER TOFU

Pro Port.: kJ 738/kcal 176 • Chol.: 0 mg
F: 6 g • E: 13 g • KH: 15 g • Ballastst.: 5 g

Snack

reicht für 2 dauert 20 Minuten

250 g schnittfester Kräuter-Tofu • 50 ml dunkle Sojasauce **• 2 kleine Möhren •** 100 g Bambussprossen (aus der Dose) **• 2 Frühlingszwiebeln •** 3 EL Reisessig oder milder Weinessig **• 1 EL Cream-Sherry •** 1 EL Zucker

1 Den Tofu zwischen Küchenpapier leicht auspressen und in gleich große Würfel schneiden. Die Würfel mit 2 Esslöffel Sojasauce vermischen und 10 Minuten marinieren.

2 Inzwischen die Möhren schälen und die Bambussprossen abtropfen lassen. Beides in feine Stifte schneiden. Die Frühlingszwiebeln putzen, waschen und in dünne Scheiben schneiden. Möhrenstifte und Zwiebelscheiben in kochendem Wasser 1 Minute blanchieren. Eiskalt abschrecken und abtropfen lassen.

3 Die restliche Sojasauce mit dem Essig, dem Sherry und dem Zucker unter Rühren aufkochen, bis sich der Zucker vollständig gelöst hat.

4 Das blanchierte Gemüse mit den Bambussprossen mischen. Das Gemüse mit den marinierten Tofuwürfeln auf zwei Schälchen verteilen und mit der heißen Sauce begießen. Sofort servieren.

Anstelle von Mango können Sie das Rührei auch mit einer klein gewürfelten Papaya zubereiten.

Sesampaste, auch Tahin genannt, ist ein öliger gesalzener oder ungesalzener Brei aus gerösteten und zerstoßenen Sesamsamen. Helle Sesampaste ist aus geschälten Samen, die dunkle aus ungeschälten und etwas derber im Geschmack. Tahin ist im Reformhaus, in Feinkostabteilungen oder orientalischen Spezialgeschäften erhältlich.

INFO

Nur kurz blanchiert, enthält der Spinat noch fast alle Vitamine, besonders Folsäure, Beta-Karotin und Vitamin C.

SPINAT SALAT

Pro Port.: kJ 548/kcal 130 • Chol.: 0 mg
F: 8 g • E: 9 g • KH: 5 g • Ballastst.: 7 g

Snack

reicht für 2 dauert 20 Minuten

400 g frischer Blattspinat • Jodsalz • **2 TL geschälte Sesamsamen** • 2 EL Sesampaste (aus dem Glas) • **2 EL helle Sojasauce** • 3 EL Gemüsebrühe oder Wasser • **1/2 TL Zucker** • weißer Pfeffer

1 Den Spinat waschen, putzen und in kochendem Salzwasser 1 Minute blanchieren. In ein Sieb abgießen, kalt abschrecken und gut abtropfen lassen.

2 In einer trockenen Pfanne die Sesamsamen anrösten. Die Sesampaste mit Sojasauce, Gemüsebrühe oder Wasser, Zucker, etwas Salz und Pfeffer verrühren.

3 Den Spinat in der Sesamsauce wenden, mit Salz und Pfeffer abschmecken und in zwei Schälchen verteilen. Mit geröstetem Sesam bestreuen und sofort servieren.

GLASNUDEL SALAT MIT SHRIMPS

Pro Port.: kJ 1336/kcal 319 • Chol.: 66 mg
F: 17 g • E: 18 g • KH: 23 g • Ballastst.: 2 g

Snack

reicht für 2 dauert 30 Minuten

50 g Glasnudeln • 1 Schalotte • 1 EL Soja- oder Rapsöl • 100 g Schweinehackfleisch • 1 Tomate • 1 Stück Gurke (100 g) • 50 g gekochte Shrimps • 1–2 EL Fischsauce (Fertigprodukt aus dem Asienladen) • 2–3 EL Limetten- oder Zitronensaft • Jodsalz • Cayennepfeffer • 4–5 grüne Salatblätter • 3–4 Stiele Koriander

1 Die Glasnudeln in einer Schüssel mit kochendem Wasser übergießen und ziehen lassen.

2 Inzwischen die Schalotte abziehen, fein hacken und im heißen Öl andünsten. Das Hackfleisch dazugeben und krümelig braten.

3 Die Tomate und das Gurkenstück waschen und klein würfeln. Die Shrimps kurz waschen, trockentupfen. Das Gemüse in einer Schüssel mit Hackfleisch und Shrimps vermengen. Die Glasnudeln in ein Sieb abgießen, abtropfen lassen, mit einer Schere in etwa 4 Zentimeter lange Stücke schneiden und unterheben.

4 Den Salat mit Fischsauce, Limetten- oder Zitronensaft, Salz und Cayennepfeffer säuerlich-scharf abschmecken. Die Salatblätter und den Koriander waschen und trockentupfen, den Glasnudelsalat auf den Blättern anrichten und mit Korianderblättchen bestreuen.

Der Glasnudelsalat lässt sich auch gut mitnehmen. Die Salatblätter und den Koriander dann aber erst kurz vor dem Essen dazugeben. ▶

Probieren Sie für den Nudelsalat auch einmal andere asiatische Nudelsorten aus, beispielsweise die gewundenen Eiernudeln oder die trendigen japanischen Soba-Nudeln, die aus Buchweizenmehl hergestellt werden.

TIPP

TIPP

Ein richtiger »eye-catcher« wird der Ananas-Gurken-Salat, wenn man ihn dekorativ in einer großen oder in zwei kleinen ausgehöhlten Ananashälften serviert. Ideal fürs kalte Büfett!

ANANAS GURKEN SALAT

Pro Port.: kJ 881/kcal 211 • Chol.: 0,1 mg
F: 8 g • E: 4 g • KH: 28 g • Ballastst.: 4 g

Snack

reicht für 2 dauert 40 Minuten

1/2 kleine Ananas (500 g) • 1 Minigurke (180 g) • 4 Radieschen • 2 Frühlingszwiebeln • 1 kleine Knoblauchzehe • 1 Stück frischer Ingwer (2 cm) • 1 EL Weißweinessig • 2 EL helle Sojasauce • 1/2 EL brauner Zucker • 1 Messerspitze Cayennepfeffer • 1 EL Soja- oder Rapsöl • 1 EL geröstete Erdnüsse

1 Die Ananashälfte schälen, längs halbieren und den harten Strunk in der Mitte herausschneiden. Das Fruchtfleisch in kleine Stücke schneiden. Die Gurke schälen, längs halbieren und die Kerne mit einem Löffel herauskratzen. Gurkenhälften in dünne Scheiben schneiden.

2 Die Radieschen putzen, waschen und in Spalten teilen. Die Frühlingszwiebeln putzen, waschen und in dünne Ringe schneiden. Knoblauch und Ingwer schälen und beides möglichst fein würfeln.

3 Für die Marinade Essig, Sojasauce, Zucker und Cayennepfeffer so lange verrühren, bis der Zucker vollständig gelöst ist, dann erst das Öl unterschlagen.

4 Alle Salatzutaten in einer Schüssel mit der Marinade mischen. Den Salat zugedeckt 20 Minuten kalt stellen. Vor dem Servieren die Erdnüsse grob hacken und über den Salat streuen.

GEMÜSE WAN-TANS

Pro Port.: kJ 670/kcal 160 • Chol.: 0 mg
F: 4 g • E: 4 g • KH: 25 g • Ballastst.: 3 g

Snack

reicht für 2 dauert 30 Minuten

10 tiefgekühlte Wan-Tan-Blätter (10 cm Durchmesser) • 100 g tiefgekühlter Blattspinat, aufgetaut • 2 frische Champignons • 1 Frühlingszwiebel • 1 Stange Staudensellerie • 1/2 TL frisch geriebener Ingwer • 1 kleine Knoblauchzehe • 1/2 TL Speisestärke • 1 1/2 TL Sesamöl • 1 Prise Zucker • Jodsalz • schwarzer Pfeffer aus der Mühle • Chilisauce (Fertigprodukt)

1 Die Wan-Tan-Blätter auftauen lassen. Für die Füllung den aufgetauten Spinat gut ausdrücken und fein hacken. Die Champignons putzen. Die Frühlingszwiebel und den Sellerie putzen und waschen, alles fein hacken.

2 Spinat mit Champignons, Frühlingszwiebel, Sellerie und Ingwer vermischen. Die Knoblauchzehe abziehen und durch eine Presse dazudrücken. Die Speisestärke und 1/2 Teelöffel Sesamöl unterrühren, die Masse mit Zucker, Salz und Pfeffer würzen.

3 In die Mitte jedes Wan-Tan-Blattes 1 Teelöffel von der Füllung setzen. Den Teig zwischen Daumen und Zeigefinger halten, den Teig von beiden Seiten hochschlagen und über der Füllung gut zusammendrücken.

4 Die gefüllten Wan-Tans so in ein Dämpfkörbchen oder auf einen Dämpfeinsatz setzen, dass sie sich nicht berühren. Mit dem restlichen Sesamöl beträufeln.

5 In einem passenden Topf eine Hand breit Wasser füllen. Dämpfkörbchen oder Dämpfeinsatz in den Topf stellen, das Wasser aufkochen lassen und die Wan-Tans zugedeckt 8 bis 9 Minuten dämpfen. Mit Chilisauce servieren.

TIPPS

▶ Es lohnt sich, gleich die doppelte Menge an Wan-Tans zuzubereiten, denn die restlichen Wan-Tans lassen sich gut einfrieren.

▶ Die Wan-Tans können Sie auch in einer klaren, leicht kochenden Gemüse- oder Hühnerbrühe mit etwas fein geschnittenem Gemüse gar ziehen lassen und dann als Suppe servieren.

MISOSUPPE MIT TOFU

Pro Port.: kJ 300/kcal 71 • Chol.: 0 mg
F: 4 g • E: 8 g • KH: 2 g • Ballastst.: 3 g

Snack

reicht für 2 dauert 10 Minuten

400 ml Gemüsebrühe • 1 Frühlingszwiebel • 100 g schnittfester Tofu (natur) • 40 g Miso (Sojabohnenpaste) • Jodsalz

1 Die Gemüsebrühe in einem Topf aufkochen lassen. Inzwischen die Frühlingszwiebel putzen, waschen und schräg in hauchdünne Scheiben schneiden. Den Tofu zwischen Küchenpapier leicht auspressen und in gleich große Würfel schneiden.

2 Das Miso mit etwas Brühe anrühren. Bei milder Hitze in die übrige Brühe geben, dabei glatt rühren. Die Tofuwürfel und die Frühlingszwiebelscheiben in die Brühe geben und 5 Minuten ziehen lassen. Die Suppe mit Salz abschmecken.

Verfeinern Sie die Suppe nach Belieben mit streifig geschnittenem Gemüse oder frischen Shiitake-Pilzen.

TIPP

◀ *Manchmal hilft auch, mit einem Freund ins Grüne zu fahren. So geht die Stimmungsschwankung schneller vorüber.*

Üblicherweise wird die Einlage der Misosuppe mit Stäbchen gegessen und die Brühe aus der Schale »geschlürft«.

SÜSS-SAURE GEMÜSE SUPPE

Pro Port.: kJ 638/kcal 152 • Chol.: 0,2 mg
F: 8 g • E: 5 g • KH: 15 g • Ballastst.: 3 g

Snack

reicht für 2 dauert 35 Minuten

300 g gemischtes Gemüse (z.B. Brokkoli, Porree, Möhren, Tomaten) • 4–6 mittelgroße Champignons • 1 Knoblauchzehe • 1 kleine rote Chilischote • 1 1/2 EL Soja- oder Rapsöl • 1 Glas Asia-Fond (400 ml) oder 1/2 l Gemüsebrühe • 2 TL Speisestärke • 1 EL milder Weißweinessig • 2 TL Zucker • 1–2 EL Sojasauce • Jodsalz • schwarzer Pfeffer aus der Mühle • einige Koriander- oder Petersilienblättchen

1 Das Gemüse je nach Sorte waschen, putzen oder schälen und in mundgerechte Stücke schneiden. Die Champignons putzen und vierteln. Knoblauch abziehen und fein würfeln, die Chilischote waschen, längs halbieren, entkernen und in feine Ringe schneiden.

2 Das Öl in einem Topf erhitzen. Das Gemüse, die Pilze, den Knoblauch und die Chilischote darin unter Rühren 3 Minuten anbraten. Mit Asia-Fond und 100 Milliliter Wasser oder mit Gemüsebrühe ablöschen. Aufkochen und zugedeckt bei schwacher Hitze 10 bis 12 Minuten leicht kochen lassen.

3 Die Speisestärke mit 2 Esslöffel kaltem Wasser glatt rühren. Den Essig und den Zucker dazugeben. Diese Mischung in die Suppe rühren und einmal kräftig aufkochen lassen.

4 Die Gemüsesuppe mit Sojasauce, Salz und Pfeffer abschmecken. Die Kräuterblättchen waschen und trockentupfen, über die Suppe streuen.

TIPP

Die Korianderblättchen verleihen der Suppe eine einzigartige Frische. Sollten Sie keinen Koriander bekommen, können Sie ihn aus Samen sogar selbst in einem kleinen Töpfchen auf der Fensterbank ziehen.

Die Spargelsuppe bekommt durch das mitgegarte Zitronengras ein exotisch-zitroniges Aroma.

SPARGELSUPPE MIT HUHN

Pro Port.: kJ 1015/kcal 244 • Chol.: 83 mg
F: 7 g • E: 35 g • KH: 7 g • Ballastst.: 4 g

Hauptgericht
reicht für 2 dauert 35 Minuten

250 g Hähnchenbrustfilet • 1 Schalotte • 1 Stück Ingwer (2 cm) • 1 EL Soja- oder Rapsöl • 1 Messerspitze Currypulver • Jodsalz • weißer Pfeffer • 2 TL Instant-Hühnerbrühe • 1–2 Stangen Zitronengras • 500 g grüner Spargel • 1/2 Bund Koriander oder Petersilie

1 Das Hähnchenbrustfilet trockentupfen und in Streifen schneiden. Die Schalotte und den Ingwer schälen, beides fein würfeln. Öl in einem Topf erhitzen, das Fleisch darin 1 Minute anbraten, Schalotte, Ingwer und Currypulver unterrühren, kurz mitbraten. Das Fleisch mit Salz und Pfeffer würzen.

2 850 Milliliter Wasser und die Hühnerbrühe in den Topf geben. Das Zitronengras waschen, welke Blätter entfernen. Die Stiele halbieren und zufügen. Alles aufkochen und zugedeckt bei schwacher Hitze zunächst 10 bis 15 Minuten leicht kochen lassen.

3 Inzwischen den Spargel waschen, die Enden abschneiden und nur das untere Stangendrittel schälen. Spargelstangen von der Spitze aus schräg in 3 Zentimeter lange Stücke schneiden. Spargelstücke in die Suppe geben, in 8 bis 12 Minuten bissfest garen.

4 Koriander oder Petersilie waschen, trockenschütteln und die Blättchen abzupfen. Die Zitronengrasstücke mit einer Schaumkelle aus der Suppe holen und wegwerfen. Die Suppe mit Salz und Pfeffer abschmecken und mit den Kräuterblättchen bestreut servieren.

TIPP

Frischer grüner Spargel aus dem Mittelmeerraum hat (leider) nur im Sommer Saison. Im unteren Drittel geschält, lässt er sich prima einfrieren und ist sechs Monate haltbar.

BAMI GORENG

Pro Port.: kJ 3002/kcal 704 • Chol.: 196 mg
F: 20 g • E: 46 g • KH: 90 g • Ballastst.: 9 g

Hauptgericht
reicht für 2 dauert 30 Minuten

200 g asiatische Nudeln (Reis- oder Eiernudeln) • Jodsalz **• 200 g Paksoi (Japankohl, ersatzweise Mangold) •** 1 rote Paprikaschote **• 100 g Hähnchenbrustfilet •** 1 kleine Zwiebel **• 1 Knoblauchzehe •** 1 1/2 EL Soja- oder Rapsöl **• 1–2 TL Sambal oelek •** 100 g gegarte Garnelen **• 1–2 EL helle Sojasauce •** 1/2 TL Palmzucker (ersatzweise brauner Zucker) **• 1–2 EL Ketjap manis (süße Sojasauce)**

1 Die Nudeln nach Packungsangabe in reichlich Salzwasser kochen.

2 Inzwischen den Paksoi waschen und putzen. Die Blätter in breite, die fleischigen Rippen in schmale Streifen schneiden. Die Paprikaschote waschen, vierteln und putzen. Hähnchenbrustfilet trockentupfen, beides in dünne Streifen schneiden. Die Zwiebel und den Knoblauch abziehen, fein würfeln.

3 Das Öl im Wok oder in einer großen, hochwandigen Pfanne erhitzen. Hähnchenstreifen und Paksoi-Rippen hinzufügen, unter ständigem Rühren 2 Minuten kräftig braten. Zwiebel, Knoblauch und 1 Teelöffel Sambal oelek untermischen. Die Paksoi-Blätter und die Paprikastreifen in den Wok oder die Pfanne geben, weitere 2 Minuten braten.

4 Die Nudeln abgießen und kurz abtropfen lassen. Garnelen kalt abspülen, trockentupfen. Nudeln, Garnelen, Sojasauce und Zucker unter die Zutaten in der Pfanne mischen. Alles zusammen unter Rühren in etwa 3 Minuten gar und heiß werden lassen. Mit Salz, Ketjap manis und nach Belieben noch mit Sambal oelek abschmecken.

INFO

Goreng ist indonesisch und bedeutet: gebacken, gebraten, geröstet. Bami goreng sind gebratene Eiernudeln mit diversen Zutaten. Ähnlich, nur auf der Basis von Reis wird Nasi goreng (gebratener Reis) zubereitet.

ENTEN BRUST

Pro Port.: kJ 1715/kcal 411 • Chol.: 105 mg
F: 15 g • E: 37 g • KH: 31 g • Ballastst.: 8 g

Hauptgericht

reicht für 2 dauert 1 Stunde, 20 Minuten

1 kleines Entenbrustfilet (250 g) • 1 Knoblauchzehe • 4 EL helle Sojasauce • 1 EL Soja- oder Rapsöl • 2 Frühlingszwiebeln (oder 1/2 kleine Stange Porree) • 1 kleine rote Paprikaschote • 3/4 TL rote Currypaste (oder 1/2–1 EL Currypulver) • 300 ml Fleischbrühe • 80 g rote Linsen • Jodsalz • schwarzer Pfeffer aus der Mühle • 1 Hand voll Petersilienblätter

1 Vom Entenbrustfilet die Haut entfernen. Das Filet längs halbieren, dann in dünne Streifen schneiden und in eine kleine Schüssel geben. Den Knoblauch abziehen und durch eine Presse dazudrücken. Knoblauch, Sojasauce, Öl und Fleisch vermischen, zugedeckt mindestens 30 Minuten im Kühlschrank marinieren.

2 Die Frühlingszwiebeln oder den Porree putzen, waschen und in schmale Streifen schneiden. Die Paprikaschote waschen, halbieren, Stielansatz und Kerngehäuse entfernen. Die Schotenhälften längs halbieren und quer in Streifen schneiden.

3 Den Wok oder eine große hochwandige Pfanne erhitzen. Das Entenbrustfilet mit der Marinade hineingeben und darin bei starker Hitze rundherum anbraten. Paprika, Frühlingszwiebeln oder Porree zufügen und kurz mitbraten.

4 Die Currypaste oder das Currypulver dazugeben und unterrühren. Mit der Brühe ablöschen.

5 Die Linsen in einem Sieb waschen, abtropfen lassen und unter das Fleisch mischen. Aufkochen lassen und zugedeckt bei schwacher Hitze etwa 8 Minuten leicht kochen lassen, die Linsen sollen gar sein, aber nicht zerfallen. Mit Salz und Pfeffer abschmecken und die gewaschenen Petersilienblättchen unterheben. Mit Reis servieren.

Reisnudeln werden aus Reismehl und Wasser hergestellt und sind in den unterschiedlichsten Größen in Asia-Läden erhältlich.

FILET
MIT TOMATEN

Pro Port.: kJ 1064/kcal 254 • Chol.: 53 mg
F: 16 g • E: 19 g • KH: 9 g • Ballastst.: 3 g

Hauptgericht
reicht für 2 dauert 35 Minuten

200 g Rinderlende oder Schweinefilet (ohne Sehnen und Fett) • 1/2 TL Speisestärke • 1 TL Sesamöl • 1 EL Sojasauce • 1 kleine Stange Porree • 4 reife, feste Fleischtomaten • 2 EL Soja- oder Rapsöl • 1 TL rote Currypaste • Jodsalz • schwarzer Pfeffer aus der Mühle • 1/2–1 TL Zucker • 1 Hand voll Basilikumblätter

1 Das Filet zuerst in dünne Scheiben, dann quer in schmale Streifen schneiden. Mit der Stärke, 1/2 Teelöffel Sesamöl und der Sojasauce vermischen und zugedeckt 30 Minuten ziehen lassen.

2 Inzwischen den Porree putzen, gründlich waschen und in dünne Scheiben schneiden. Die Tomaten kurz in kochendes Wasser tauchen, abschrecken, häuten, quer halbieren und entkernen. Die Tomatenhälften in Streifen schneiden, dabei die Stielansätze entfernen.

3 Das Öl im Wok oder in einer großen hochwandigen Pfanne erhitzen. Die Filetstreifen darin kräftig unter Rühren anbraten, die Currypaste und den Porree zugeben und mitrösten. Dabei ständig rühren. Filet und Gemüse salzen, pfeffern und mit dem Zucker würzen.

4 Die Tomatenstreifen unterrühren und alles noch einmal aufkochen. Mit Salz und Pfeffer abschmecken. Zum Schluss die gewaschenen Basilikumblätter unterheben. Mit Patnareis oder Duftreis servieren.

TIPP

Das Filet am besten bereits vom Metzger mit der Aufschnittmaschine in feine Scheiben schneiden lassen.

Durch die rote Currypaste wird das Filet mit Tomaten richtig schön scharf.

AUBERGINEN-TOMATEN CURRY

Pro Port.: kJ 919/kcal 219 • Chol.: 4 mg
F: 12 g • E: 9 g • KH: 18 g • Ballastst.: 12 g

Hauptgericht
reicht für 2 dauert 45 Minuten

2 große Auberginen • Jodsalz • **1/2 TL Zucker** • 2 TL Gelbwurzpulver (gemahlene Kurkuma) • **1 EL Senfkörner** • 1/2 TL Kreuzkümmel (ganz) • **1/2 TL Korianderkörner** • 1 Zwiebel • **2 große Tomaten** • 1 frische grüne Peperoni • **2 EL Soja- oder Rapsöl** • Cayennepfeffer • **4 Zweige Koriander oder Petersilie** • 150 g Joghurt (1,5 % Fett)

1 Die Auberginen waschen, trockenreiben und die Stielansätze entfernen. Die Früchte in 3 bis 4 Zentimeter große Würfel schneiden. Aus 1/2 Esslöffel Salz, dem Zucker und dem Gelbwurzpulver eine Mischung rühren, die Auberginenwürfel sorgfältig darin wenden und 20 Minuten ziehen lassen.

2 Inzwischen die Senfkörner in einer trockenen Pfanne mit aufgelegtem Deckel so lange erhitzen, bis die Körner zu springen beginnen. Kreuzkümmel und Korianderkörner zugeben, kurz erwärmen. Aus der Pfanne nehmen und in einem Mörser fein zerstoßen.

3 Die Zwiebel abziehen und fein hacken. Tomaten waschen und grob hacken, dabei die Stielansätze entfernen. Die Peperoni waschen, putzen, längs halbieren, entkernen und fein hacken.

TIPP

Nur durch das Rösten bekommen Koriander- und Kreuzkümmelkörner dieses unvergleichliche Aroma. Bereiten Sie gleich eine größere Menge zu und bewahren Sie den Rest in einem Schraubglas auf.

4 Das Öl in einem Wok oder in einer großen beschichteten Pfanne erhitzen. Die Auberginenwürfel darin unter Wenden anbraten. Zwiebel, Tomaten und Peperoni unter die Auberginen mischen. Die Gewürzmischung unterrühren und alles 10 bis 15 Minuten garen, bis die Auberginen weich sind. Falls das Gemüse zu trocken wird, etwas Wasser zugießen.

5 Das Gemüse-Curry mit Salz und Cayennepfeffer abschmecken. Koriander oder Petersilie waschen, trockenschütteln. Die Blättchen abzupfen, über das Gemüse streuen. Den Joghurt glatt rühren, getrennt dazu servieren. Dazu passt dünnes Fladenbrot.

GEDÄMPFTE FORELLEN

Pro Port.: kJ 1554/kcal 371 • Chol.: 140 mg
F: 12 g • E: 53 g • KH: 9 g • Ballastst.: 3 g

Hauptgericht
reicht für 2 dauert 35 Minuten

2 küchenfertige Forellen à 250–300 g • Jodsalz • 1 EL Soja- oder Rapsöl • 1 Stück frischer Ingwer (2 cm) • 1 Möhre • 1/2 kleine Stange Porree • 2 EL Reiswein oder trockener Sherry • 4 EL helle Sojasauce • einige Tropfen Chiliöl • 1/2 TL Zucker • einige Korianderblätter

1 Die Forellen innen und außen gut waschen, trockentupfen, auf beiden Seiten dreimal diagonal 1/2 Zentimeter tief einschneiden. Die Fische leicht salzen und auf eine leicht eingeölte, hitzebeständige Platte legen.

2 Ingwer und Möhre schälen und putzen. Porree putzen und gründlich waschen. Alles in kurze feine Streifen schneiden. Das restliche Öl mit dem Reiswein oder dem Sherry, der Sojasauce und dem Chiliöl vermischen, gleichmäßig über die Fische träufeln. Mit Zucker bestreuen. Ingwer-, Möhren- und Porreestreifen über den Forellen verteilen.

3 Die Platte mit den Fischen auf eine umgedrehte, hitzebeständige Tasse in einen genügend großen Topf setzen. Den Topf mit Wasser 3 Zentimeter unter den Tassenrand auffüllen.

4 Das Wasser aufkochen und die Forellen zugedeckt im Wasserdampf 15 bis 20 Minuten garen. Vor dem Servieren mit gewaschenen Korianderblättchen bestreuen. Dazu thailändischen Duftreis servieren.

Zum Dämpfen können Sie natürlich auch einen speziellen Dämpftopf, einen Metalleinsatz zum Dämpfen oder – ganz asiatisch – einen ausreichend großen Dämpfkorb aus Bambus verwenden.

TIPP

Thunfisch ist zwar relativ fettreich; das Fett besteht aber überwiegend aus den mehrfach ungesättigte so genannten Omega-3-Fettsäuren, die einen positiven Einfluss auf den Cholesterinspiegel haben.

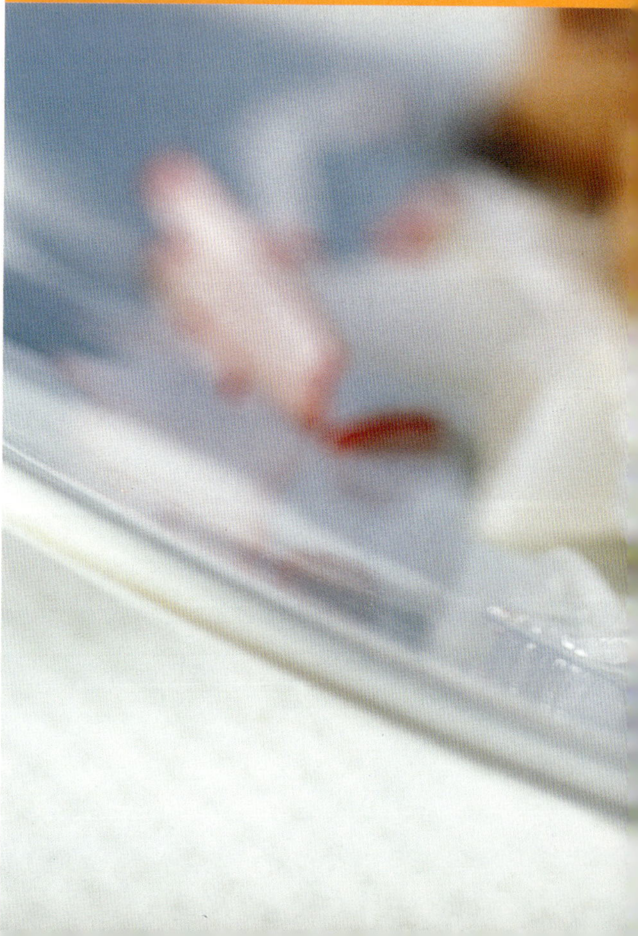

MARINIERTER THUNFISCH

Pro Port.: kJ 1393/kcal 334 • Chol.: 75 mg
F: 18 g • E: 33 g • KH: 9 g • Ballastst.: 4 g

Hauptgericht

reicht für 2 dauert 30 Minuten

1 Stück frischer Ingwer (2 cm) • 80 ml Teriyaki-Marinade (Fertigprodukt aus dem Asienregal) • 250–300 g Thunfischfilet • 250 g weißer Rettich • Jodsalz • 1 Bund Radieschen • 2 TL Soja- oder Rapsöl • 1–2 EL Limetten- oder Zitronensaft

1 Den Ingwer schälen, möglichst klein würfeln und mit der Teriyaki-Marinade verrühren. Das Thunfischfilet trockentupfen, in etwa 3 Zentimeter große Würfel schneiden, mit der Marinade mischen und darin zugedeckt 10 Minuten ziehen lassen.

2 Inzwischen den Rettich schälen, putzen und auf der Gemüsereibe raspeln. In eine Schüssel füllen, leicht salzen und 5 Minuten ziehen lassen. Die Radieschen waschen, putzen, in dünne Stifte schneiden. Die zarten Blätter fein hacken.

3 Thunfisch aus der Marinade heben, auf Küchenpapier kurz abtropfen lassen. Das Öl in einer beschichteten Pfanne erhitzen, die Thunfischwürfel darin 2 Minuten rundherum braten. Die restliche Marinade zufügen, noch 2 Minuten weiterbraten, bis der Fisch gerade gar ist.

4 Den Rettich in einem Sieb abtropfen lassen, mit Radieschen und Radieschenblättern mischen. Das Gemüse mit dem Thunfisch auf Tellern anrichten und mit Limetten- oder Zitronensaft beträufeln. Mit Reis servieren.

Typisch Wok: Das pfannengerührte Gemüse ist schnell fertig, knackig und noch voller Vitamine.

Wer mag, kann noch 200 Gramm gewürfelten Tofu mitbraten. Die Gemüsesorten lassen sich beliebig austauschen. Wichtig ist, dass festere Gemüsesorten zuerst in Wok oder Pfanne kommen, weil sie eine etwas längere Garzeit haben, während zartere Gemüse erst zum Schluss mitgebraten werden.

PFANNEN GERÜHRTES GEMÜSE

Pro Port.: kJ 1113/kcal 266 • Chol.: 0,1 mg
F: 10 g • E: 12 g • KH: 31 g • Ballastst.: 12 g

Hauptgericht
reicht für 2 dauert 40 Minuten

1 EL getrocknete Mu-Err-Pilze • 2 EL helle Sojasauce • 2 EL Reiswein oder trockener Sherry • 100 ml Gemüsebrühe • 1/2 kleiner Chinakohl • 1 rote Paprikaschote • 1 kleine Zucchini • 100 g frische Shiitake-Pilze (ersatzweise Champignons) • 50 g Zuckerschoten • 50 g Sojabohnensprossen • 100 g Baby-Maiskölbchen (aus der Dose) • 1 Knoblauchzehe • 1 Stück frischer Ingwer (1 cm) • 1 1/2 EL Erdnussöl • 1 TL Sesamöl • Jodsalz • schwarzer Pfeffer aus der Mühle

1 Die getrockneten Pilze mit kochendem Wasser übergießen und 30 Minuten einweichen. Sojasauce, Reiswein oder Sherry und Gemüsebrühe vermischen.

2 Das frische Gemüse waschen und putzen. Chinakohl, Paprikaschote und Zucchini in Streifen schneiden, die Pilze vierteln, Zuckerschoten, Bohnensprossen und abgetropften Mais ganz lassen. Die eingeweichten Pilze abgießen, gründlich waschen und in Stücke zupfen. Knoblauch und Ingwer schälen und sehr fein hacken.

3 Das Öl im Wok oder in einer hochwandigen Pfanne erhitzen. Sesamöl zufügen. Knoblauch und Ingwer im Öl kurz anbraten. Paprika, Zucchini und eingeweichte Pilze dazugeben, unter ständigem Rühren etwa 3 Minuten braten. Frische Pilze und restliches Gemüse hinzufügen, noch 2 Minuten pfannenrühren. Mit der Sojasauce-Reiswein-Mischung ablöschen, dann aufkochen und weiter braten, bis das Gemüse gar, aber noch knackig ist. Abschmecken.

TIPP

Asiatische Gerichte wie das pfannengerührte Gemüse sind wie geschaffen für die Fett-weg-Küche: fettarm und reich an Vitaminen und Ballaststoffen.

Frisches Zitronengras ist im asiatischen Lebensmittelladen erhältlich.

TIPPS

▶ Chilischoten gibt es in den unterschiedlichsten Farben und Größen. Hier gilt: Je kleiner, desto schärfer sind sie.

▶ Wenn Sie kein Zitronengras bekommen, schmecken Sie den Eintopf zum Schluss mit etwas Limetten- oder Zitronensaft ab.

GEMÜSE EINTOPF MIT KOKOSMILCH

Pro Port.: kJ 1091/kcal 448 • Chol.: 0 mg
F: 19 g • E: 9 g • KH: 54 g • Ballastst.: 12 g

Hauptgericht
reicht für 2 dauert 35 Minuten

300 g orangefleischiger Kürbis (z. B. Hokaido-Kürbis) • 300 g Möhren • 300 g Süßkartoffeln (ersatzweise fest kochende Kartoffeln) • 2 Schalotten • 1 Stück frischer Ingwer (2 cm) • 1 frische kleine, rote Chilischote • 1 Stange Zitronengras • 1/2 l Gemüsebrühe • 1 Lorbeerblatt • 200 ml ungesüßte Kokosmilch (aus der Dose) • Jodsalz • 2 Zweige Thai-Basilikum (ersatzweise europäisches)

1 Kürbis, Möhren und Kartoffeln schälen und in mundgerechte, aber nicht zu kleine Würfel oder Stücke schneiden. Die Schalotten und den Ingwer schälen und fein würfeln.

2 Die Chilischote waschen, längs halbieren, entstielen, entkernen und in sehr dünne Streifchen schneiden. (Wer Schärfe mag, entkernt die Schote nicht.) Vom Zitronengras trockene und lose Hüllblätter entfernen, den unteren dicken Teil in hauchdünne Scheiben schneiden.

3 Die Gemüsebrühe in einem Topf zum Kochen bringen. Schalotten, Chilischote, Ingwer, Zitronengras und das Lorbeerblatt einrühren und zugedeckt 5 Minuten leise kochen lassen.

4 Die Kokosmilch und das Gemüse in den Topf geben, leicht salzen. Alles zugedeckt bei schwacher Hitze 15 bis 20 Minuten leicht kochen lassen, bis das Gemüse gerade gar ist.

5 Basilikum waschen und trockenschütteln. Die Blättchen von den Stielen zupfen. Den Eintopf mit Salz abschmecken und mit den Kräuterblättchen bestreut servieren.

GEBRATENER WEISSKOHL MIT TOFU

Pro Port.: kJ 1136/kcal 271 • Chol.: 0 mg
F: 15 g • E: 18 g • KH: 16 g • Ballastst.: 10 g

Hauptgericht
reicht für 2 — dauert 35 Minuten

250 g schnittfester Kräuter-Tofu • 200 ml neutrales Pflanzenöl (hocherhitzbar) zum Ausbacken • 350 g Weißkohl • 150 g Möhren • 1 Zwiebel • 1–2 Knoblauchzehen • 100 ml Gemüsebrühe • 1 TL Sesamöl • 2–3 EL helle Sojasauce • Jodsalz • weißer Pfeffer aus der Mühle • 1/2 Bund Schnittlauch

1 Den Tofu zwischen Küchenpapier leicht auspressen. Den Tofu in etwa 5 Zentimeter lange und 2 Zentimeter breite Streifen schneiden. Das Öl in einem flachen Topf erhitzen. Die Tofustreifen darin in 3 bis 4 Minuten rundherum goldgelb braten. Aus dem Topf heben, auf Küchenpapier gut abtropfen lassen und beiseite stellen.

2 Den Weißkohl putzen, waschen und in fingerbreite Streifen schneiden. Die Möhren waschen, putzen und schräg in dünne Scheiben schneiden. Zwiebel und Knoblauch abziehen, die Zwiebel in dünne Ringe schneiden, den Knoblauch fein würfeln.

3 Im Wok oder in einer großen Pfanne 2 Esslöffel von dem Öl aus dem Topf erhitzen. Den Weißkohl und die Möhren darin bei mittlerer Hitze unter Rühren 8 Minuten braten, dabei nur etwas Farbe annehmen lassen. Dann Zwiebel und Knoblauch untermischen und alles zusammen bei starker Hitze unter ständigem Wenden noch 2 bis 3 Minuten weiter braten.

4 Die Gemüsebrühe und das Sesamöl dazugeben. Den Tofu unterheben und zugedeckt heiß werden lassen. Das Gemüse mit Sojasauce, Salz und Pfeffer abschmecken.

5 Den Schnittlauch waschen und trockenschütteln. Ein paar Halme zum Garnieren beiseite legen, den Rest in feine Röllchen schneiden. Schnittlauchröllchen unter das Gemüse heben. Auf Tellern anrichten und mit Schnittlauchhalmen garniert servieren. Als Beilage passt am besten Reis.

TIPP

Das restliche Öl durchfiltern; Sie können es gut noch mal zum Braten oder Frittieren verwenden.

Den knusprig ausgebackenen Tofu mit Weißkohl isst man stilecht natürlich mit Stäbchen.

REISNUDELN MIT GRÜNEM GEMÜSE

Pro Port.: kJ 1830/kcal 437 • Chol.: 0,2 mg
F: 12 g • E: 15 g • KH: 65 g • Ballastst.: 10 g

Hauptgericht

reicht für 2 dauert 35 Minuten

150 g asiatische Reisnudeln • 1–2 Knoblauchzehen • 1 Stück frischer Ingwer (2 cm) • 1 frische rote Chilischote • 1 grüne Paprikaschote • 1 mittelgroße Zucchini • 1 Stange Staudensellerie • 2 Frühlingszwiebeln • 4 Stiele Koriander oder Petersilie • 2 EL Soja- oder Rapsöl • 50 ml Gemüsebrühe • 3 EL helle Sojasauce • 2 EL milder Weißweinessig • 1 Prise Zucker • schwarzer Pfeffer aus der Mühle

Sie können die Nudeln natürlich auch mit bunt gemischtem Gemüse zubereiten. Wichtig dabei: Festere Sorten wie Möhren, Brokkoli oder Kohlrabi vorher in sprudelnd kochendem Salzwasser kurz vorgaren. Eiskalt abschrecken und gut abtropfen lassen.

1 Die Reisnudeln in reichlich kochendes Wasser geben und 3 Minuten garen. Nudeln abgießen, abschrecken und abtropfen lassen. Inzwischen Knoblauch und Ingwer schälen und sehr fein würfeln. Die Chilischote waschen, putzen, längs halbieren, entkernen und fein hacken.

2 Die Paprikaschote waschen, halbieren, Stielansatz und Kerngehäuse entfernen. Zucchini, Sellerie und Frühlingszwiebeln waschen und putzen. Das Gemüse in dekorative, mundgerechte Stücke schneiden. Kräuter waschen, trockenschütteln und die Blättchen abzupfen.

3 Die abgetropften Nudeln in etwa 10 Zentimeter lange Stücke schneiden. Das Öl im Wok oder in einer großen hochwandigen Pfanne erhitzen. Knoblauch, Ingwer und Chilischote unter Rühren darin kurz anbraten. Das Gemüse hinzufügen und unter ständigem Rühren 3 bis 4 Minuten braten. Mit der Brühe ablöschen.

4 Die Reisnudeln unterheben und 2 Minuten mitbraten. Das Ganze mit Sojasauce, Essig, Zucker und Pfeffer abschmecken. Die Kräuterblättchen unterheben.

SCHARFER ROSENKOHL CURRY-TOPF

Pro Port.: kJ 1103/kcal 263 • Chol.: 0,1 mg
F: 8 g • E: 15 g • KH: 30 g • Ballastst.: 15 g

Hauptgericht
reicht für 2 dauert 40 Minuten

1 frische rote Chilischote • 1 Stück frischer Ingwer (2 cm) • 1–2 Knoblauchzehen • 1 Schalotte • 250 g Kartoffeln • 1 große Möhre • 350 g Rosenkohl (frisch oder tiefgekühlt) • 1 EL Soja- oder Rapsöl • je 2 TL scharfes Currypulver und Kurkuma (Gelbwurzpulver) • 200 ml Gemüsebrühe • 200 ml Sojamilch • Jodsalz • schwarzer Pfeffer aus der Mühle • 1/2 Bund Schnittlauch

1 Die Chilischote waschen, putzen, entkernen und in feine Ringe schneiden. Ingwer, Knoblauch und Schalotte abziehen und fein würfeln.

2 Kartoffeln und Möhren waschen, schälen und in kleine Würfel schneiden. Den frischen Rosenkohl waschen und putzen, große Köpfchen halbieren.

3 Das Öl in einem Wok oder in einem Schmortopf erhitzen. Chilischote, Ingwer, Knoblauch und Schalotte darin andünsten. Currypulver und Kurkuma unterrühren. Mit Brühe und Sojamilch ablöschen. Kartoffeln und Möhren hinzufügen, alles aufkochen und zugedeckt bei mittlerer Hitze zunächst 10 Minuten leicht kochen lassen.

4 Frischen oder tiefgekühlten Rosenkohl in Wok oder Topf geben, alles zusammen in etwa 15 Minuten fertig garen, der Rosenkohl sollte nicht zu weich werden. Das Gemüse mit Salz und Pfeffer abschmecken.

5 Den Schnittlauch waschen, trockenschütteln und in Röllchen schneiden. Vor dem Servieren über den Eintopf streuen.

Wer scharfes Essen mag, kann die Chilischoten mitsamt ihrer Kerne und Trennwände verwenden.

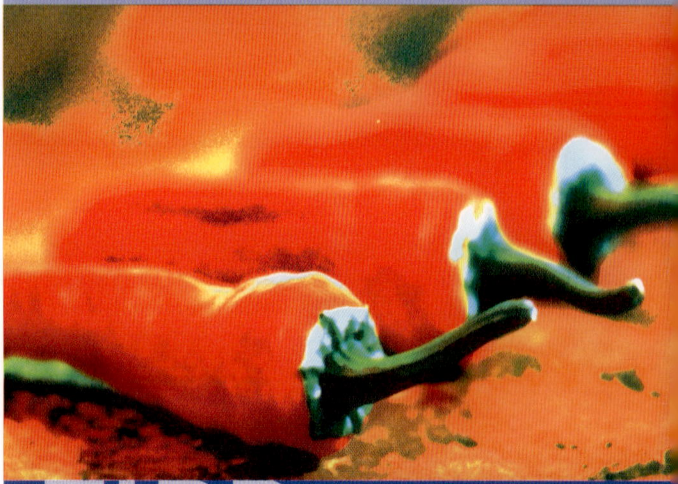

TIPP

Anstelle von Schnittlauchröllchen können Sie den Eintopf auch nur mit einigen langen Halmen garnieren.

PAPAYA IN KOKOSMILCH

Pro Port.: kJ 1128/kcal 270 • Chol.: 0 mg
F: 18 g • E: 3 g • KH: 18 g • Ballastst.: 3 g

Dessert
reicht für 2 dauert 20 Minuten

200 ml ungesüßte Kokosmilch (aus der Dose) • 1 1/2 EL Palmzucker oder brauner Zucker • 1 reife Papaya • 4 Eiswürfel • 2–3 EL Kokoslikör nach Belieben

1 Die Kokosmilch mit dem Zucker unter Rühren erwärmen, bis sich der Zucker völlig aufgelöst hat. Abkühlen lassen.

2 Inzwischen die Papaya längs halbieren und die Kerne mit einem Löffel entfernen. Die Papayahälften schälen. Das Fruchtfleisch mit einem Kugelausstecher zu Kugeln formen oder in mundgerechte Stücke schneiden.

3 Die Eiswürfel in einen Gefrierbeutel füllen und mit einem schweren Gegenstand, z. B. einem Hammer oder einer gefüllten Konservendose, zerkleinern.

4 Die Papaya in zwei kleine Schalen verteilen. Das zerstoßene Eis darauf geben. Die Kokosmilch nach Belieben mit Kokoslikör aromatisieren. Die Kokosmilch über Eis und Frucht gießen. Sofort servieren.

TIPP

Sie können das Dessert auch mit anderen Früchten, z. B. mit Honigmelone, Mango oder Litschis, zubereiten.

MARINIERTE ORANGEN

Pro Port.: kJ 925/kcal 221 • Chol.: 0 mg
F: 0,5 g • E: 2 g • KH: 45 g • Ballastst.: 3 g

Dessert
reicht für 2 dauert 25 Minuten
kühlt 8 Stunden

2 große Orangen • 50 g Palmzucker oder brauner Zucker • 1/2 Vanilleschote • 3 EL Orangenlikör • Minzeblättchen zum Garnieren

1 Am Vortag die Orangen so schälen, dass auch die weiße Haut völlig entfernt ist. Das Fruchtfleisch quer in etwa 1 Zentimeter dicke Scheiben schneiden, dabei den austretenden Saft auffangen. Eventuell vorhandene Kerne aus den Orangenscheiben entfernen.

2 Den Zucker mit 1/4 Liter Wasser in einen kleinen Topf füllen. Die Vanilleschote längs halbieren und das Mark mit einem spitzen Messer herauskratzen, in den Topf geben. Alles aufkochen und bei mittlerer Hitze ohne Deckel unter gelegentlichem Rühren zu einem dickflüssigen Sirup kochen lassen. Zucker-Vanille-Sirup etwas abkühlen lassen.

3 In einer flachen Schüssel den Sirup mit dem aufgefangenen Orangensaft und dem Orangenlikör verrühren. Die Orangenscheiben darin wenden und zugedeckt über Nacht im Kühlschrank marinieren.

4 Zum Servieren die Minzeblättchen waschen und trockentupfen. Die Orangenscheiben aus dem Sirup heben, abtropfen lassen. Die Scheiben wieder zu Orangenfrüchten aufeinander legen. Obenauf ein bis zwei Minzeblätter legen und das Ganze mit dekorativen Holzspießchen (Partyspießchen) zusammenstecken. Auf Teller setzen und mit dem restlichen Sirup beträufeln.

FRÜCHTE SPIESSE

Pro Port.: kJ 666/kcal 159 • Chol.: 0 mg
F: 1 g • E: 2 g • KH: 35 g • Ballastst.: 2 g

Dessert

reicht für 2 dauert 30 Minuten

8 Physalis (Kapstachelbeeren) • 100 g Ananasfruchtfleisch (frisch oder aus der Dose) • 1 kleine Banane • 2 Stangen Zitronengras oder 4 kurze Holzspieße • 1/2 unbehandelte Limette • 2 TL flüssiger Honig • 1/2 TL frisch geriebener Ingwer oder etwas Ingwerpulver

1 Den Grill oder den Backofen auf 250 °C (Umluft 230 °C, Gas Stufe 6) vorheizen. Die Physalis aus den Hülsen lösen, waschen und trockentupfen. Frische Ananas oder Ananas aus der Dose trockentupfen und in Dreiecke schneiden. Die Banane schälen und in Scheiben schneiden.

2 Das Zitronengras waschen, lose Hüllblätter und trockene Spitzen entfernen. Zitronengrasstangen jeweils quer halbieren. Die Früchte abwechselnd auf die Zitronengras- oder Holzspieße stecken.

3 Die Limette heiß waschen und mit einem Küchentuch trockenreiben. Die Schale fein abreiben und den Saft auspressen.

4 Limettenschale mit dem Limettensaft, dem Honig und dem frischem Ingwer oder Ingwerpulver verrühren. Ein Backblech mit Backpapier auslegen. Die Fruchtspieße mit der Limetten-Honig-Mischung rundherum bepinseln und nebeneinander auf das Backblech legen.

5 Die Spieße unter den Grill schieben und 5 bis 8 Minuten grillen, bis die Fruchtkanten leicht braun werden, dabei einmal wenden. Je zwei Früchte-Spieße auf kleinen Tellern anrichten und noch warm servieren.

Reife Früchte erkennt man am einfachsten an ihrem aromatischen Duft.

Vegetari

Von Natur aus light: Gemüse & Co.

Vegetarier haben seltener Übergewicht und leiden weniger unter den so genannten Zivilisationskrankheiten wie Diabetes, Bluthochdruck und Gicht. Kurzum: Sie leben einfach gesünder und in der Regel deshalb auch länger. Überzeugen Sie sich selbst: Fett sparen mit Gemüsegerichten ist ein Kinderspiel, und ein ausgesprochen wohlschmeckendes dazu!

sches

KIWI-KOKOS MÜSLI

Pro Port.: kJ 1103/kcal 263 • Chol.: 0 mg
F: 8 g • E: 5 g • KH: 41 g • Ballastst.: 9 g

Frühstück
reicht für 2 dauert 15 Minuten

60 g gemischte Vollkornflocken • 2 EL Rosinen • 3 EL Kokosraspel • 1 Orange • 1–2 EL Ahornsirup • 1 Messerspitze Ingwerpulver • 3 Kiwis

1 Die Vollkornflocken, die Rosinen und 2 Esslöffel Kokosraspel in einer Schüssel mischen, mit 100 Milliliter warmem Wasser übergießen und 10 Minuten ziehen lassen.

2 Inzwischen die Orange auspressen. Den Orangensaft mit Ahornsirup und Ingwerpulver verrühren.

3 Die Kiwis schälen, zwei Früchte klein würfeln und die dritte längs in Spalten schneiden. Den gewürzten Orangensaft mit den Kiwiwürfeln unter das Müsli mischen.

4 Müsli in zwei tiefe Teller oder Müslischalen verteilen, mit den Kiwispalten garnieren und mit den restlichen Kokosflocken bestreuen.

FRUCHTSALAT AUF JOGHURT

Pro Port.: kJ 1193/kcal 285 • Chol.: 8 mg
F: 9 g • E: 8 g • KH: 40 g • Ballastst.: 4 g

Frühstück
reicht für 2 dauert 15 Minuten

400 g gemischte Früchte nach Saison (z.B. Beeren, Weintrauben, Pfirsiche, Äpfel, Mandarinen) • 2 EL Zitronensaft • 2 EL Haselnuss- oder Walnusskerne • 300 g Joghurt (1,5 % Fett) • 1 Päckchen Vanillezucker • einige Minzeblättchen zum Garnieren

1 Die Früchte je nach Sorte waschen, putzen oder schälen. Beeren je nach Größe eventuell halbieren, andere Früchte in mundgerechte Stücke schneiden. Sofort mit dem Zitronensaft vermischen.

2 Die Haselnuss- oder Walnusskerne grob hacken. Den Joghurt mit dem Vanillezucker glatt rühren. Die Minzeblättchen waschen und trockentupfen.

3 Den Joghurt in tiefe Teller verteilen, darauf den Fruchtsalat anrichten. Mit den gehackten Nüssen bestreuen und mit Minzeblättchen garniert servieren.

TIPP

Nehmen Sie statt Vollkornflocken auch mal frisch geschrotetes Getreide, z. B. Weizenschrot. Schrot mit Rosinen und Kokosflocken mischen, mit Wasser übergießen und zugedeckt über Nacht im Kühlschrank quellen lassen.

Von Obst und Gemüse können Sie eigentlich nie genug bekommen. Fünf Portionen am Tag sollten es möglichst sein, damit Sie rundum mit wichtigen Vitaminen und Mineralstoffen versorgt sind.

HAFER QUARK

MIT ZITRUSFRÜCHTEN

Pro Port.: kJ 1478/kcal 353 • Chol.: 1 mg
F: 5 g • E: 23 g • KH: 48 g • Ballastst.: 4 g

Frühstück
reicht für 2 — dauert 10 Minuten

250 g Quarkcreme (0,2 % Fett) • 2 EL Zitronensaft • 60 g kernige Haferflocken • 1 rosa Grapefruit • 2 Mandarinen • 2 TL flüssiger Honig • 1 EL ungesalzene Pistazienkerne

1 Die Quarkcreme mit Zitronensaft und Haferflocken glatt rühren. Die Grapefruit schälen, so dass auch die weiße Haut entfernt ist. Die Filets nach Belieben aus den Häutchen trennen, Filets in mundgerechte Stücke schneiden. Die Mandarinen schälen und in Spalten teilen.

2 Den Haferquark in zwei Teller verteilen, die Zitrusfrüchte darauf anrichten. Das Obst mit dem Honig beträufeln. Die Pistazienkerne grob hacken und darüber streuen.

KÄSE-TOMATEN BRÖTCHEN

Pro Port.: kJ 1089/kcal 260 • Chol.: 16 mg
F: 8 g • E: 16 g • KH: 30 g • Ballastst.: 5 g

Frühstück
reicht für 2 dauert 10 Minuten

2 Tomaten • schwarzer Pfeffer aus der Mühle • **2 Salatblätter** • 2 Vollkornbrötchen • **3 EL Magerquark** • 1 EL gehackte Petersilie • **1–2 TL mittelscharfer Senf** • 2 Scheiben Gouda (30 % Fett i. Tr.)

1 Die Tomaten waschen und trockenreiben. Die Tomaten quer in Scheiben schneiden, dabei die Stielansätze entfernen. Die Tomatenscheiben leicht pfeffern. Salatblätter waschen und mit Küchenpapier trockentupfen.

2 Die Brötchen waagerecht halbieren. Den Quark mit Petersilie und etwas Wasser cremig rühren und mit Senf abschmecken. Die Brötchenhälften mit dem Senfquark bestreichen.

3 Auf die unteren Brötchenhälften jeweils zuerst das Salatblatt, dann den Käse und die Tomatenscheiben legen. Mit den oberen Brötchenhälften abdecken.

Auf die Avocadobrote passt auch ein Stück roter Rettich, gut geputzt, gewaschen und in dünne Scheiben geschnitten.

TIPP

Ein üppig belegtes Brötchen mit knackigem Salat, saftigen Tomaten und herzhaftem Käse – das kann man fast immer essen.

AVOCADOBROTE MIT RADIESCHEN

Pro Port.: kJ 1355/kcal 324 • Chol.: 0 mg
F: 19 g • E: 7 g • KH: 32 g • Ballastst.: 10 g

Frühstück

reicht für 2 dauert 10 Minuten

4–6 Radieschen • 4 Salatblätter • 1 kleine reife Avocado • 1 EL Zitronensaft • Jodsalz • schwarzer Pfeffer aus der Mühle • 4 Scheiben dunkles Vollkornbrot

1 Die Radieschen waschen, putzen und einige zarte Radieschenblätter beiseite legen. Die Radieschen klein würfeln. Salatblätter waschen und trockentupfen.

2 Die Avocado längs halbieren, die Hälften gegeneinander drehen und so vom Stein lösen. Avocadohälften schälen und quer in Scheiben schneiden, sofort mit Zitronensaft bepinseln.

3 Die Brotscheiben zuerst mit den Salatblättern und dann mit den Avocadospalten belegen. Jeweils in die Mitte die Radieschenwürfel setzen. Die Brote mit etwas Salz und Pfeffer bestreuen und mit den Radieschenblättern garniert servieren.

Variante

Bereiten Sie aus der Avocado einen cremigen Brotaufstrich: Die Avocado wie beschrieben halbieren und schälen. Die Hälften mit einer Gabel fein zerdrücken, mit Zitronensaft, Radieschenwürfeln und einigen fein gehackten Radieschenblättern vermischen. Den Aufstrich mit Salz, Pfeffer und eventuell noch Zitronensaft abschmecken. Die Brotscheiben mit Salatblättern belegen, darauf die Avocadocreme setzen.

GEMÜSE SALAT
MIT PETERSILIENRAHM

**Pro Port.: kJ 1091/kcal 261 • Chol.: 30 mg
F: 17 g • E: 9 g • KH: 18 g • Ballastst.: 7 g**

Snack

reicht für 2 dauert 30 Minuten

100 g Zuckerschoten • Jodsalz • 2 Möhren • 1 Kohlrabi • 1 EL Zitronensaft • weißer Pfeffer aus der Mühle • 1 Bund glatte Petersilie • 100 g saure Sahne • 1/2 TL abgeriebene unbehandelte Zitronenschale • 1 EL Lein- oder Rapsöl • 1/2 TL flüssiger Honig • 1 EL Sonnenblumenkerne

1 Die Zuckerschoten waschen, putzen und in sprudelnd kochendem Salzwasser in 2 bis 3 Minuten knackig garen. Kalt abschrecken und gut abtropfen lassen.

2 Möhren und Kohlrabi putzen und schälen. Die Möhren auf einer Rohkostreibe in feine Stifte hobeln. Den Kohlrabi achteln und in hauchdünne Scheiben schneiden. Beides vermengen und mit Zitronensaft, Salz und Pfeffer würzen.

3 Die Petersilie waschen, trockenschütteln und die Blättchen von den Stielen zupfen. Einige Blättchen zum Garnieren beiseite legen, den Rest grob hacken. Die gehackte Petersilie mit saurer Sahne, Zitronenschale und Öl mit dem Stabmixer fein pürieren. Den Petersilienrahm mit Honig, etwas Salz und Pfeffer abschmecken.

4 Die Sonnenblumenkerne in einer Pfanne ohne Fett anrösten. Das Gemüse auf Teller verteilen, den Petersilienrahm darüber löffeln. Den Salat mit den restlichen Petersilienblättchen und den gerösteten Sonnenblumenkernen bestreut servieren.

TIPP

Noch leichter verdaulich wird der Gemüsesalat, wenn alle Gemüsesorten (Zuckerschoten, Möhren und Kohlrabi) ganz kurz blanchiert werden.

TIPP

Servieren Sie den Gemüsesalat möglichst direkt wenn er fertig ist, sonst gehen wertvolle lichtempfindliche Vitamine verloren.

BUNTER TEX-MEX SALAT

Pro Port.: kJ 1404/kcal 325 • Chol.: 0,1 mg
F: 8 g • E: 15 g • KH: 48 g • Ballastst.: 10 g

Snack

reicht für 2 dauert 20 Minuten

1 gelbe Paprikaschote • 1 Stange Staudensellerie • 50 g Rucola oder Feldsalat • 1 kleine Dose Kidney-Bohnen (240 g Inhalt) • 3 EL Weißweinessig • 3 EL Gemüsebrühe • 1/2 TL mittelscharfer Senf • Jodsalz • schwarzer Pfeffer aus der Mühle • 1 EL Rapsöl • 6 Scheiben Mehrkornbaguette

1 Die Paprikaschote waschen und halbieren. Stielansatz und Kerngehäuse entfernen, die Schotenhälften quer in Streifen schneiden. Selleriestange waschen, putzen und in dünne Scheiben schneiden. Das zartes Selleriegrün beiseite legen.

2 Den Rucola oder Feldsalat waschen, putzen und abtropfen lassen. Die Bohnen in einem Sieb abtropfen lassen.

3 Für die Marinade den Essig mit Brühe, Senf, Salz und Pfeffer gründlich verrühren, dann das Öl unterschlagen. Die Salatzutaten in einer Schüssel mit der Marinade mischen. Auf Tellern anrichten und mit dem beiseite gelegten Selleriegrün garnieren. Das Brot dazu reichen.

Der Salat lässt sich auch gut mitnehmen und ist daher ideal für Büro und Picknick.

FELDSALAT
MIT FRISCHKÄSENOCKEN

Pro Port.: kJ 1199/kcal 286 • Chol.: 9 mg
F: 14 g • E: 11 g • KH: 26 g • Ballastst.: 5 g

Snack
reicht für 2 dauert 20 Minuten

100 g Feldsalat • 50 g Radicchio • 1 Orange • 2 EL Weinessig • 2 EL Gemüsebrühe • schwarzer Pfeffer aus der Mühle • Jodsalz • 2 TL Nussöl • 100 g fettreduzierter Frischkäse (5–8 % Fett absolut) • 2 EL grob gemahlene Hasel- oder Walnüsse • 4 Scheiben Roggenknäckebrot

1 Den Feldsalat und den Radicchio waschen, putzen und abtropfen lassen. Die Orange so schälen, dass auch die weiße Haut entfernt ist. Die einzelnen Filets aus den Häuten lösen, dabei den Saft auffangen.

2 Den aufgefangenen Orangensaft mit dem Essig, der Brühe, etwas Pfeffer und einer Prise Salz gründlich verrühren, dann das Öl unterschlagen. Die Marinade mit Feldsalat, Radicchio und Orangenfilets vermischen. Den Salat auf Tellern anrichten.

3 Den Frischkäse glatt rühren und mit zwei angefeuchteten Teelöffeln zu Nocken formen. Mit den Nüssen bestreuen. Die Käsenocken auf dem Salat anrichten, mit dem Knäckebrot servieren.

TIPP

Lust auf noch mehr Geschmack? Dann achten Sie beim Einkauf doch darauf, ob es auch fettreduzierten Frischkäse in unterschiedlichen Geschmacksrichtungen gibt. Oder mischen Sie selbst z.B. noch zwei Teelöffel geriebenen Meerrettich darunter.

Raffiniert einfach: Zum Feldsalat mit Orangen gibt's Frischkäse mit knackiger Nusskruste.

In diese äußerst kalorien- und fettarme Gemüsecremesuppe dürfen Sie ruhig einen Esslöffel geriebenen Parmesan oder Pecorino streuen.

TIPP

ZUCCHINISUPPE MIT SOJACREME

Pro Port.: kJ 440/kcal 105 • Chol.: 12 mg
F: 6 g • E: 6 g • KH: 6 g • Ballastst.: 4 g

Snack
reicht für 2 dauert 25 Minuten

400 g Zucchini • 1 Bund Petersilie • 1 Schalotte • 1 EL Butter • 250 ml Gemüsebrühe • Jodsalz • weißer Pfeffer aus der Mühle • frisch geriebene Muskatnuss • 50 ml Sojacreme • 1–3 TL Zitronensaft

1 Die Zucchini waschen, putzen und würfeln. Die Petersilie waschen, trockenschütteln und die Blättchen von den groben Stielen zupfen. Einige Blättchen zum Garnieren beiseite legen, den Rest grob hacken. Die Schalotte abziehen und fein würfeln.

2 Die Butter in einem Topf erhitzen und die Schalotte darin andünsten. Die Zucchini und die gehackte Petersilie zufügen, kurz mitdünsten. Die Gemüsebrühe angießen. Salzen und pfeffern. Aufkochen und zugedeckt bei schwacher Hitze etwa 10 Minuten leicht kochen lassen.

3 Die Suppe im Mixer oder mit dem Stabmixer fein pürieren. Die Suppe noch einmal erhitzen, 4 Esslöffel Sojacreme einrühren, mit Salz, Pfeffer, Muskatnuss und Zitronensaft abschmecken.

4 Die Zucchinicremesuppe in tiefen Tellern anrichten. Jeweils in die Mitte 1/2 Esslöffel Sojacreme setzen und etwas verrühren. Mit den Petersilienblättchen garnieren.

ÜBERBACKENES FLADENBROT

Pro Port.: kJ 1461/kcal 348 • Chol.: 11 mg
F: 11 g • E: 19 g • KH: 42 g • Ballastst.: 7 g

Snack

reicht für 2 dauert 20 Minuten

200 g Brokkoli • Jodsalz • **schwarzer Pfeffer aus der Mühle** • 1/2 großes Fladenbrot • **100 g Champignons** • 1 Packung Tomatenstücke mit Kräutern (370 g Inhalt) • **1 EL Raps- oder Sonnenblumenöl** • 4 EL Reibkäse

1 Den Backofen auf 220 °C (Umluft 200 °C, Gas Stufe 4–5) vorheizen.

2 Den Brokkoli waschen, putzen und in sehr kleine Röschen teilen. Brokkoliröschen in sprudelnd kochendem Salzwasser 1 Minute blanchieren, kalt abschrecken und abtropfen lassen. Leicht salzen und pfeffern.

3 Die Fladenbrothälfte in zwei Viertel teilen und diese waagerecht halbieren. Die Champignons mit Küchenpapier abreiben, Stielenden entfernen und die Pilze in Scheiben schneiden.

4 Tomatenstücke mit den Pilzen mischen, mit etwas Salz und Pfeffer würzen. Tomaten-Pilz-Masse auf den Schnittflächen der Brote verteilen. Die Brokkoliröschen obenauf legen. Mit Öl beträufeln und mit Käse bestreuen.

5 Die belegten Fladenbrote auf ein mit Backpapier ausgelegtes Backblech setzen und in der Mitte des Ofens etwa 10 Minuten überbacken. Heiß servieren.

TIPP

Alternativ zu Fladenbrot können Sie auch etwa 150 Gramm italienisches Weißbrot (Ciabatta) oder französisches Baguette belegen und überbacken.

GEFÜLLTE COCKTAILTOMATEN

Pro Port.: kJ 303/kcal 72 • Chol.: 9 mg
F: 3 g • E: 7 g • KH: 4 g • Ballastst.: 1 g

Snack
reicht für 2 dauert 10 Minuten

100 g fettreduzierter Frischkäse (5–8 % Fett absolut) • 1 EL Milch (1,5 % Fett) • 1/2 EL Weißweinessig • 1 Frühlingszwiebel • 1 Kästchen Gartenkresse • Jodsalz • Cayennepfeffer • 6 große Cocktailtomaten

1 Für die Füllung den Frischkäse mit Milch und Weinessig in einer Schüssel glatt rühren.

2 Die Frühlingszwiebel putzen, waschen und in möglichst feine Ringe schneiden. Die Kresse behutsam waschen, trockenschütteln und vom Beet schneiden. Etwas Kresse zum Garnieren beiseite legen. Die restliche Kresse mit der Frühlingszwiebel unter den Frischkäse rühren. Falls die Masse nicht cremig genug ist, etwas Wasser zufügen. Die Füllung mit Salz und Cayennepfeffer kräftig abschmecken.

3 Die Tomaten waschen und trockenreiben. Von jeder Tomate am Stielansatz einen Deckel abschneiden, die Kerne mit einem Teelöffel vorsichtig entfernen.

4 Cocktailtomaten mit der Käsemasse füllen, die Deckel aufsetzen. Mit der restlichen Kresse anrichten. Dazu schmeckt Vollkorntoast.

TIPP

Mit der Frischkäsemasse lassen sich auch Gurken füllen: zwei kleine Gärtnergurken waschen, putzen, längs halbieren und die Kerne herauskratzen. Gurken in Stücke schneiden und mit Frischkäse füllen.

▲ *Es muss nicht immer Fleisch sein: auch mit Gemüse belegt und mit Käse überbacken schmeckt Fladenbrot hervorragend.*

KOHLRABI KARTOFFEL GRATIN

Pro Port.: kJ 1682/kcal 403 • Chol.: 27 mg
F: 12 g • E: 15 g • KH: 56 g • Ballastst.: 11 g

Hauptgericht
reicht für 2 dauert 1 Stunde, 5 Minuten

2 mittelgroße Kohlrabi (ca. 400 g) • 400 g fest kochende Kartoffeln • säuerlicher Apfel • Öl für das Blech • 1 kleine Stange Porree • 3 Zweige frischer oder 2 TL getrockneter Majoran • 1/4 l Sojacreme • 50 g Sahne • Jodsalz • schwarzer Pfeffer aus der Mühle • frisch geriebene Muskatnuss

1 Den Backofen auf 200 °C (Umluft 180 °C, Gas Stufe 3–4) vorheizen. Kohlrabi und Kartoffeln schälen und putzen, Kohlrabi halbieren. Den Apfel schälen, vierteln und das Kerngehäuse entfernen. Alles mit der Küchenmaschine in dünne Scheiben hobeln.

2 Ein Backblech mit Öl einfetten. Den Porree putzen, gründlich waschen und schräg in dünne Scheiben schneiden. Frischen Majoran waschen, trockenschütteln und die Blättchen von den Stielen zupfen.

3 Porree und frischen oder getrockneten Majoran zu der Kohlrabi-Kartoffel-Apfel-Mischung geben, alles dachziegelartig und flach auf dem Backblech auslegen.

4 Die Sojacreme mit der Sahne verrühren, mit Salz, Pfeffer und Muskat würzen. Gleichmäßig über den Zutaten auf dem Blech verteilen. Das Gratin in der Mitte des Ofens etwa 35 Minuten backen, Kartoffeln und Gemüse sollen gar und die Oberfläche des Gratins leicht gebräunt sein.

Saubere Angelegenheit: statt auf dem Backblech die Gemüsescheiben in eine möglichst große und flache Auflaufform einschichten und übergießen. Die Garzeit erhöht sich dabei allerdings um fünf bis zehn Minuten.

TIPP

TIPP

Salbeiblätter nicht zu lange in der Butter »rösten«, sonst werden sie bitter.

Wer mag, kann zu den cremigen Spinatklößen noch etwas frisches Ciabatta reichen. ▶

SPINAT KLÖSSE MIT PARMESAN

Pro Port.: kJ 1723/kcal 411 • Chol.: 203 mg
F: 30 g • E: 23 g • KH: 10 g • Ballastst.: 5 g

Hauptgericht

reicht für 2 dauert 40 Minuten

300 g tiefgekühlter Blattspinat, fein gehackt • 100 g Magerquark • 1 Schalotte • 50 g Butter • 1 Ei • 2–3 EL Vollkornmehl • 40 g frisch geriebener Parmesan • Jodsalz • schwarzer Pfeffer aus der Mühle • frisch geriebene Muskatnuss • 1 Hand voll Salbeiblätter

1 Den tiefgekühlten Spinat nach Packungsangabe erhitzen und wieder abkühlen lassen. Den Quark in ein Sieb geben und gut abtropfen lassen.

2 Die Schalotte abziehen, fein würfeln, in 2 Teelöffel Butter glasig dünsten. Den Spinat gut ausdrücken und mit der Schalotte mischen.

3 Den abgetropften Quark mit dem Ei, dem Mehl und 2 Esslöffel Parmesan cremig rühren. Dann mit dem Spinat gründlich vermischen. Die Spinatmasse mit Salz, Pfeffer und etwas Muskat kräftig würzen. 10 bis 15 Minuten ruhen lassen.

4 In einem breiten Topf reichlich Salzwasser zum Kochen bringen. Aus der Spinatmasse mit Hilfe von zwei Esslöffeln Klöße formen. Portionsweise in das leicht kochende Wasser geben und darin in 12 bis 15 Minuten ziehen lassen. Die Klöße sind gar, wenn sie an der Oberfläche schwimmen.

5 Die Salbeiblätter waschen und mit Küchenpapier trockentupfen. Die restliche Butter in einer Pfanne erhitzen, die Salbeiblätter darin leicht knusprig werden lassen.

6 Spinatklöße aus dem Wasser heben, abtropfen lassen und auf vorgewärmte Teller verteilen. Mit der Salbeibutter übergießen und mit dem restlichen Parmesan bestreuen. Sofort servieren.

GEMÜSEEINTOPF MIT KRÄUTER NOCKEN

Pro Port.: kJ 1473/kcal 353 • Chol.: 288 mg
F: 9 g • E: 21 g • KH: 45 g • Ballastst.: 12 g

Hauptgericht
reicht für 2 dauert 45 Minuten

für die Suppe
300 g Blumenkohl oder Brokkoli • 1 große Möhre • 1 kleiner Kohlrabi • 50 g Zuckerschoten • 600 ml Gemüsebrühe • Jodsalz • weißer Pfeffer aus der Mühle
für die Nocken
200 ml Milch (1,5 % Fett) • 80 g Weizenvollkorn-Grieß • 3 EL gemischte gehackte Kräuter (z. B. Schnittlauch, Petersilie, Basilikum) • 1 Ei • 1 Eigelb • frisch geriebene Muskatnuss

1 Blumenkohl oder Brokkoli waschen, putzen und in kleine Röschen zerteilen. Die Möhre und den Kohlrabi schälen, die Möhre schräg in dünne Scheiben schneiden, den Kohlrabi würfeln. Die Zuckerschoten waschen und entfädeln, quer halbieren.

2 Für die Nocken in einem breiten Topf die Milch und je eine kräftige Prise Salz und Pfeffer aufkochen. Den Grieß unter Rühren einrieseln lassen. Aufkochen und zugedeckt bei ausgeschalteter Hitze 5 Minuten quellen lassen, dabei ab und zu umrühren. Grieß vom Herd nehmen.

3 Die gehackten Kräuter bis auf 1 Esslöffel zum Grieß geben. Das Ei und das Eigelb nacheinander unterrühren und die Masse mit Muskatnuss würzen.

4 Die Gemüsebrühe in einem Suppentopf zum Kochen bringen. Blumenkohl oder Brokkoli und Möhren darin zunächst 5 Minuten leicht kochen lassen, dann den Kohlrabi hinzufügen und 3 Minuten mitkochen. Zum Schluss die Zuckerschoten dazugeben und alles bissfest garen.

5 Inzwischen für die Nocken reichlich Salzwasser zum Kochen bringen. Aus der Grießmasse mit zwei nassen Teelöffeln Nocken abstechen und im schwach kochenden Wasser in etwa 5 Minuten gar ziehen lassen.

6 Den Gemüseeintopf mit Salz und Pfeffer abschmecken. Die Kräuternocken aus dem Wasser heben, etwas abtropfen lassen und mit den restlichen Kräutern in den Eintopf geben. Die Suppe in vorgewärmten Tellern servieren.

Brokkoli zählt zu den Kohlgemüsen und ist reich an bioaktiven Substanzen, die unsere Zellen vor Krebs schützen und Bakterien abwehren.

TIPPS

▶ Je nach Jahreszeit können Sie für den Eintopf die Gemüsesorten variieren. Die Kräuternocken schmecken auch gut mit einer Mischung aus Petersilie und etwas Estragon.

▶ Es sieht besonders raffiniert aus, wenn Sie die Gemüsesuppe mit essbaren Kräuterblüten, beispielsweise von Schnittlauch, Dill oder Lavendel, garnieren.

GEMÜSE RAGOUT AUF HIRSE

Pro Port.: kJ 1998/kcal 477 • Chol.: 4 mg
F: 11 g • E: 18 g • KH: 75 g • Ballastst.: 18 g

Hauptgericht
reicht für 2 dauert 45 Minuten

200 g Hirsekörner • Jodsalz • **1 große Zucchini** • 2–3 Stangen Staudensellerie • **3 Fleischtomaten** • 1 große Zwiebel • **1 Knoblauchzehe** • 1 EL Sonnenblumen- oder Rapsöl • **200 ml Gemüsebrühe** • 3 EL gemischte gehackte Kräuter (z.B. Petersilie, Rucola, Schnittlauch) • **schwarzer Pfeffer aus der Mühle** • 2 EL gehobelter Hartkäse (z. B. Sbrinz oder Manchego)

1 Die Hirse heiß waschen und kurz abtropfen lassen. Hirse mit 400 Milliliter Wasser und Salz aufkochen. Zugedeckt bei schwacher Hitze in etwa 25 Minuten garen. Zucchini und Selleriestangen waschen und putzen. Zucchini längs vierteln und in etwa 1 Zentimeter dicke Stücke, den Sellerie in 1/2 Zentimeter dicke Scheiben schneiden.

2 Die Tomaten mit kochendem Wasser überbrühen, häuten, quer halbieren und entkernen. Das Tomatenfruchtfleisch in große Stücke schneiden, dabei die Stielansätze entfernen. Die Zwiebel abziehen, sechsteln und die einzelnen Schichten voneinander lösen. Den Knoblauch abziehen, in dünne Scheiben schneiden.

3 Das Öl in einer großen beschichteten Pfanne erhitzen und das Gemüse darin bei mittlerer Hitze 5 Minuten braten. Mit der Brühe ablöschen und zugedeckt etwa 5 Minuten schmoren. Die Kräuter untermischen und das Ragout mit etwas Salz und Pfeffer abschmecken.

4 Die Hirse auflockern und auf zwei Teller verteilen. Das Gemüseragout auf der Hirse anrichten und mit dem Käse bestreut servieren.

Nicht nur gemeinsam essen, sondern auch zusammen kochen, macht viel Spaß.

Das Gemüseragout können Sie auch zu Reis, Bulgur oder Couscous servieren.

TIPP

GEBACKENE ROTE BETE MIT APFELSAUCE

Pro Port.: kJ 1478/kcal 353 • Chol.: 1 mg
F: 6 g • E: 24 g • KH: 49 g • Ballastst.: 12 g

Snack
reicht für 2

dauert 30 Minuten
gart 60 Minuten

4 Rote Bete à etwa 200 g • 1 EL Nussöl • 1 TL weiße Pfefferkörner • 1 TL Koriandersamen • Jodsalz • 3 EL Gemüsebrühe

für die Sauce

1 säuerlicher Apfel • 1 EL Zitronensaft • 250 g Cremequark (0,2 % Fett) • 1 TL Ahornsirup • 1 TL geriebener Meerrettich • 1/2 Bund Dill • schwarzer Pfeffer aus der Mühle

außerdem

1 Bratbeutel

1 Den Backofen auf 200 °C (Umluft 180 °C, Gas Stufe 3–4) vorheizen. Die Rote Bete schälen (dazu am besten Haushaltshandschuhe anziehen) und mit Nussöl dünn bepinseln. Pfefferkörner und Koriandersamen grob zerstoßen und mit 1/2 Teelöffel Salz verrühren. Die Gewürzmischung auf die roten Beten streuen.

2 Rote Bete nebeneinander in einen Bratbeutel setzen. Die Brühe dazugeben. Den Bratbeutel nach Packungsangabe verschließen und oben einstechen. Bratbeutel auf den kalten Rost legen, die Fettpfanne des Backofens darunter schieben. Rote Bete im heißen Ofen auf der zweiten Schiene von unten 60 Minuten garen.

3 Inzwischen für die Sauce den Apfel waschen, trockenreiben, vierteln, entkernen und auf einer Gemüsereibe grob raffeln. Sofort mit 1/2 Esslöffel Zitronensaft vermischen. Apfel, Cremequark, Ahornsirup und Meerrettich glatt rühren. Dill waschen, trockenschütteln und bis auf einige Spitzen fein schneiden, unter die Sauce heben. Die Sauce mit Pfeffer und dem restlichem Zitronensaft abschmecken.

4 Den Bratbeutel aufschneiden, Rote Bete herausheben, in dicke Scheiben schneiden und auf vorgewärmte Teller verteilen. Mit der Apfelsauce anrichten und mit Dillspitzen garnieren. Dazu am besten Kartoffelpüree servieren.

Mit einem Apfel zwischendurch bekommen Sie die Extraportion Vitamine und Ballaststoffe, um fit und vital zu bleiben.

TIPP

Je zur Hälfte Rote Bete und geschälte Kartoffeln im Bratbeutel garen, dann in Scheiben schneiden und mit der Apfelsauce anrichten.

Achten Sie darauf, dass Sie für die gefüllten Pfannkuchen »pures« Tiefkühlgemüse, also ohne Zusätze von Butter und Gewürzen verwenden.

MIT GEMÜSE GEFÜLLTE PFANNKUCHEN

Pro Port.: kJ 2271/kcal 543 • Chol.: 259 mg
F: 19 g • E: 25 g • KH: 68 g • Ballastst.: 11 g

Hauptgericht
reicht für 2 dauert 60 Minuten

für die Pfannkuchen
2 Eier • 140 g Weizenmehl Type 550 • Jodsalz • 180 ml Milch (1,5 % Fett) • 75–100 ml Mineralwasser • 1 EL Rapsöl
für die Füllung
1 EL Öl • 450 g tiefgekühltes Mischgemüse • schwarzer Pfeffer • 60 ml Gemüsebrühe • 1 EL Essig • 1–2 TL Ahornsirup • 1/2 TL Speisestärke • einige Stiele Petersilie

1 Für den Pfannkuchenteig Eier, Mehl, etwas Salz und die Milch glatt rühren. So viel Mineralwasser unterrühren, dass ein dünnflüssiger Teig entsteht, abgedeckt 30 Minuten quellen lassen.

2 Den Backofen auf 75 °C (Umluft 50 °C, Gas kleinste Stufe) vorheizen. Aus dem Teig in einer beschichteten Pfanne (ca. 20 Zentimeter Ø) mit wenig Öl 4 goldgelbe Pfannkuchen backen. Die fertigen Pfannkuchen im Backofen warm stellen.

3 In einer beschichteten Pfanne das Öl erhitzen. Das tiefgekühlte Gemüse darin unter Rühren nach Packungsangabe bissfest braten. Leicht salzen und pfeffern.

4 Die Brühe, den Essig und 1 Teelöffel Ahornsirup zum Gemüse geben und kurz bei kleiner Hitze einkochen lassen. Die Stärke mit etwas Wasser glatt rühren, die Sauce damit binden. Die Gemüsefüllung mit Salz, Pfeffer und restlichem Ahornsirup abschmecken. Petersilie waschen, trockenschütteln, die Blättchen abzupfen und unter das Gemüse rühren.

5 Die Gemüsefüllung auf je ein Pfannkuchenviertel verteilen, zweimal zusammenklappen und sofort warm servieren.

BANDNUDELN MIT GEMÜSE SAUCE

Pro Port.: kJ 1899/kcal 454 • Chol.: 0,1 mg
F: 8 g • E: 19 g • KH: 74 g • Ballastst.: 19 g

Hauptgericht
reicht für 2 dauert 40 Minuten

2 Möhren • 100 g Knollensellerie • 1 kleine Stange Porree • 1 Knoblauchzehe • 1 Zwiebel • 1 kleine Dose geschälte Tomaten • 1 EL Rapsöl • 2 EL Tomatenmark • 1 Lorbeerblatt • Jodsalz • schwarzer Pfeffer aus der Mühle • 200 g (Vollkorn-) Bandnudeln

1 Die Möhren und den Sellerie waschen, schälen und in feine Würfel schneiden. Den Porree putzen, längs halbieren, gründlich waschen und in dünne Ringe schneiden. Knoblauch und Zwiebel abziehen, beides fein würfeln.

2 Die Dosentomaten abgießen, dabei den Saft auffangen. Die Tomaten in Stücke schneiden. Das Öl in einer großen, beschichteten Pfanne erhitzen, Zwiebel und Knoblauch darin glasig dünsten. Das Gemüse dazugeben und unter Rühren 3 Minuten braten.

3 Das Tomatenmark einrühren. Die Tomaten samt Saft in die Pfanne geben. Das Lorbeerblatt zufügen. Die Sauce mit Salz und Pfeffer würzen und ohne Deckel unter gelegentlichem Rühren in etwa 15 Minuten dicklich einkochen lassen.

4 Inzwischen die Bandnudeln in reichlich Salzwasser nach Packungsangabe bissfest kochen. Die Gemüsesauce abschmecken, das Lorbeerblatt entfernen. Die Nudeln abgießen, kurz abtropfen lassen und mit der Sauce in tiefen Tellern anrichten.

Wenn Sie es würziger mögen, können Sie den gefüllten Fenchel auch mit Bergkäse, Greyerzer oder Blauschimmelkäse überbacken.

TIPPS

▶ Die Gemüsesauce am besten gleich in doppelter oder dreifacher Portion zubereiten, sie lässt sich gut auf Vorrat einfrieren.

▶ Die Gemüsesauce schmeckt außer zu allen Nudelsorten auch zu Pellkartoffeln, gegrilltem Fleisch und Fisch. Sie können die Sauce mit frischen Kräutern verfeinern oder die Zusammenstellung der Gemüse je nach Marktangebot verändern.

FENCHEL
MIT KARTOFFEL KÄSEFÜLLUNG

Pro Port.: kJ 794/kcal 190 • Chol.: 18 mg
F: 7 g • E: 11 g • KH: 20 g • Ballastst.: 10 g

Hauptgericht
reicht für 2 — dauert 35 Minuten, bäckt 25 Minuten

150 g kleine Kartoffeln • 2 mittelgroße Fenchelknollen • Jodsalz • 1 Knoblauchzehe • 75 ml Milch (1,5 % Fett) • 2 EL frisch geriebener Gouda (30 % Fett i. Tr.) • weißer Pfeffer aus der Mühle • 100 ml Gemüsebrühe • 2 TL zerlassene Butter

1 Die Kartoffeln waschen und ungeschält in wenig Wasser in etwa 20 Minuten garen. Währenddessen den Fenchel waschen und putzen, zartes Grün beiseite legen. Die Knollen längs halbieren, vom Inneren etwas herauslösen und grob würfeln. Fenchelhälften in Salzwasser in 6 bis 8 Minuten bissfest garen. Kalt abschrecken und abtropfen lassen.

2 Den Backofen auf 200 °C (Umluft 180 °C, Gas Stufe 3–4) vorheizen. Den Knoblauch abziehen. Das Fenchelgrün bis auf ein paar Spitzen zum Garnieren hacken.

3 Die Milch erhitzen. Die Kartoffeln pellen, mit einem Kartoffelstampfer zerdrücken und mit der Milch glatt rühren. Den Knoblauch dazupressen. Den Käse und das gehackte Fenchelgrün unterrühren. Die Füllung mit Salz und Pfeffer würzen, die Fenchelhälften damit füllen.

4 Gefüllte Fenchelhälften nebeneinander in eine ofenfeste Form setzen. Die Brühe angießen und das restliche Fenchelfruchtfleisch dazwischen verteilen. Die Kartoffelfüllung mit zerlassener Butter bestreichen. Den Fenchel im heißen Backofen auf der mittleren Schiene in etwa 25 Minuten goldbraun backen. Mit dem restlichen Fenchelgrün bestreut servieren. Dazu passt Mehrkornbaguette.

TIPP

Nicht-Vegetarier können den gefüllten Fenchel gut als Beilage zu Kalbs- und Putenbraten, aber auch zum Fischfilet servieren.

ZITRONENREIS MIT GRÜNER GRÜTZE

Pro Port.: kJ 1253/kcal 299 • Chol.: 3 mg
F: 3 g • E: 9 g • KH: 51 g • Ballastst.: 3 g

Dessert
reicht für 2 dauert 50 Minuten

100 g grüne Stachelbeeren (frisch oder tiefgekühlt) • 50 ml Weißwein oder heller Traubensaft • 1/4 TL Naturvanille • 1–2 TL Zucker • 1 Kiwi • 1 Stück gelbgrüne Melone (etwa 50 g) • 1 EL Speisestärke • 50 g Rundkornreis (Arborio) • 300 ml Milch (1,5 % Fett) • 2 TL abgeriebene unbehandelte Zitronenschale • Jodsalz • 2–3 EL Zitronensaft • 1–2 EL Ahornsirup • 1 EL Pinienkerne

1 Frische Stachelbeeren waschen, verlesen und abtropfen lassen. 50 Milliliter Wasser mit Weißwein oder Saft, der Hälfte der Vanille und dem Zucker aufkochen. Frische oder tiefgekühlte Beeren darin zugedeckt bei schwacher Hitze 15 Minuten dünsten. Die Kiwi schälen und würfeln. Die Melone schälen und entkernen, ebenfalls würfeln. Beides unter die Beeren mischen.

2 Die Speisestärke mit 2 Esslöffel Wasser glatt rühren, unter die Früchte mischen und alles bei schwacher Hitze noch mal aufwallen lassen. Die Grütze zum Abkühlen beiseite stellen.

3 Den Backofen auf 180 °C (Umluft 160 °C, Gas Stufe 2–3) vorheizen. In einem ofenfesten Topf den Reis mit der Milch, der restlichen Vanille, der Zitronenschale und zwei Prisen Salz aufkochen und zugedeckt etwa 10 Minuten bei schwacher Hitze garen. Anschließend im Ofen 20 Minuten ausquellen lassen.

4 Den Reis mit Zitronensaft und Ahornsirup abschmecken, etwas abkühlen lassen. Zitronenreis mit der grünen Grütze anrichten. Pinienkerne hacken und über die Grütze streuen.

Die Pinienkerne können Sie nach Wunsch auch vor dem Hacken in einer Pfanne ohne Fett ein wenig anrösten.

TIPP

Der Zitronenreis mit grüner Grütze ist herrlich erfrischend und schmeckt sowohl als Dessert als auch als Zwischenmahlzeit.

CREMIGER ERDBEER CRUSH

Pro Port.: kJ 1142/kcal 273 • Chol.: 56 mg
F: 17 g • E: 4 g • KH: 24 g • Ballastst.: 3 g

Dessert
reicht für 2 dauert 15 Minuten

100 g kalte Sahne • 1 Päckchen Bourbon Vanillezucker • 1 Zweig Zitronenmelisse • 300 g tiefgekühlte Erdbeeren • 75 g Joghurt (1,5 % Fett) • 2 EL Puderzucker • 1 EL Zitronensaft • 2 TL Mandelkrokant (Fertigprodukt)

1 Die Sahne mit dem Handrührgerät steif schlagen, dabei langsam den Vanillezucker einrieseln lassen. Die Sahne kalt stellen. Die Zitronenmelisse waschen und trockenschütteln, die Blättchen abzupfen.

2 Die nicht aufgetauten Erdbeeren mit dem Joghurt, dem Puderzucker und dem Zitronensaft ganz kurz im Mixer oder portionsweise mit dem Stabmixer fein zerkleinern (»crushen«).

3 Die Schlagsahne unter die Beeren-Joghurt-Masse heben und in Gläser füllen. Mit Melisseblättchen und Krokant garnieren und sofort servieren.

Wenn Sie frische Erdbeeren für das Crush verwenden, die Beeren mit Stielansätzen waschen, damit sie nicht zu viel Saft verlieren. Für die richtige Konsistenz noch ein paar Eiswürfel in den Mixer geben.

TIPP

Zum Crushen eignen sich auch tiefgefrorene Himbeeren, Brombeeren, Heidelbeeren, rote und schwarze Johannisbeeren oder eine fertige Beerenmischung.

LUFTIGE KAKI-CREME

Pro Port.: kJ 884/kcal 211 • Chol.: 27 mg
F: 11 g • E: 4 g • KH: 23 g • Ballastst.: 3 g

Dessert

reicht für 2

dauert 15 Minuten
kühlt 45 Minuten

3 Kaki- oder Sharonfrüchte • 1–2 EL Zitronensaft • 1 ganz frisches Eiweiß • 50 g Sahne • 1 Päckchen Vanillezucker • 1 EL ungesalzene Pistazienkerne • 1 Zweig Zitronenmelisse

1 Die Kakis oder Sharonfrüchte quer halbieren und das Fruchtfleisch mit einem Löffel aus der Schale lösen. Das Fruchtfleisch samt Zitronensaft mit dem Stabmixer fein pürieren.

2 Das Eiweiß steif schlagen. Die Sahne mit dem Vanillezucker steif schlagen. 1 Esslöffel Schlagsahne in ein Schälchen füllen und zugedeckt in den Kühlschrank stellen. Die restliche Sahne und den Eischnee nacheinander unter das Fruchtpüree heben.

3 Die Kaki-Creme in Gläser füllen, abdecken und zum Festwerden für mindestens 45 Minuten in den Kühlschrank stellen.

4 Die Pistazienkerne hacken. Die Zitronenmelisse waschen und trockentupfen. Die restliche Sahne als Klecks auf die Kaki-Creme geben und die Creme mit gehackten Pistazien und Zitronenmelisse garnieren.

▲ *Statt als Dessert schmeckt die fruchtige Kaki-Creme auch sehr gut als süßer Snack am Nachmittag.*

TIPP

Damit die gelb- bis orangefarbenen Kakis ihr aprikosenähnliches Aroma voll entfalten, müssen die Früchte sehr reif, fast überreif sein. Das erkennt man an der dünnen, fast glasigen Schale. Unreife Früchte in Zeitungspapier nachreifen lassen. Sharonfrüchte sind eine kern- und gerbstofflose Kaki-Züchtung. Sie sind bereits in festem, knackigem Zustand genießbar.

Register

Die Autorin

Marlisa Szwillus arbeitete nach Abschluss ihres Ökotrophologie-Studiums in der Redaktion einer großen Frauenzeitschrift. Später übernahm sie die Leitung des Kochressorts der größten europäischen Foodzeitschrift. Seit 1993 ist sie als freie Foodjournalistin und Kochbuchautorin in München tätig.

Die Fotografin

Martina Urban, geboren und aufgewachsen in Marburg, hat nach dem Abitur eine Fotografenlehre absolviert. Anschließend war sie mehrere Jahre in Frankfurt und Hamburg als Werbefotografin tätig. Seit 1992 hat sie ihr eigenes Studio in Hamburg, in dem sie sich ausschließlich der Foodfotografie widmet. Martina Urban ist als Fotografin für Food- und Frauenzeitschriften, Werbung sowie diverse Buchverlage tätig.

Bildnachweis

Alle Bilder stammen von Martina Urban, Hamburg (Foodstyling: Ingo Breuer; Requisite: Imke Fischer) mit Ausnahme von:

Bavaria, Gauting: U1 oben (VCL); gettyone Stone, München: 11 (Mark McLane), 69 (Mark Douet); Photonica, Hamburg: 8 (Neo Vision); Südwest Verlag, München: Vor- und Nachsatz (Rolf Seiffe), 10, 32, 51, 56/57, 64, 84 (Barbara Bonisolli), 91 (Peter v. Felbert/Anne Eickenberg); The Image Bank, München: 17 (Chris Cole); 25 (Erlanson), 35 (Romilly Lockyer), 42 (Terje Rakke), 67 (Derek Redfearn), 73 David de Lossy); Zefa, Düsseldorf: 15 (Lenz), 16 (Rosenfeld), 19 (Pinto), 38 (A.B.), 52 (Alexander Scott), 85 (Masterfile), 86 (A. Inden)

Hinweis

Impressum

Der Südwest Verlag ist ein Unternehmen der Econ Ullstein List Verlag GmbH & Co. KG, München.

Lektorat
Martina Solter
Projektleitung
Susanne Kirstein
Bildredaktion
Sabine Kestler
Foodfotografie
Martina Urban
Produktion
Manfred Metzger (Leitung), Annette Aatz
Umschlagkonzeption
Lohmüller Werbeagentur, Berlin
Gestaltung Innenseiten
Eva Maria Salzgeber, München
DTP, Satz
Jan-Dirk Hansen

Printed in Italy

Gedruckt auf chlor- und säurearmem Papier

ISBN 3-517-06465-3